Textes de Martha Minow et Robert M. Cover,
traduits et introduits par Françoise Michaut

CONTRIBUTION À LA RÉFLEXION SUR LES DROITS

L'Harmattan
5-7, rue de l'École-Polytechnique
75005 Paris
FRANCE

L'Harmattan Hongrie
Hargita u. 3
1026 Budapest
HONGRIE

L'Harmattan Italia
Via Degli Artisti 15
10124 Torino
ITALIE

ISBN : 2-7475-6970-5
EAN : 9782747569705

Introduction

Ce petit livre n'a pas pour prétention de traiter de façon exhaustive la question des droits. Il s'agit, plus modestement, de présenter deux textes qui ont le mérite d'ouvrir la réflexion dans des directions facilement oubliées et qui, prises en compte, pourraient permettre d'enrichir les discours sur les droits, de mieux apprécier la fonction du concept, de le replacer par rapport à d'autres concepts de la pensée juridique et, enfin, de retrouver le problème de l'interprétation sous un nouveau jour.

Dans les quelques remarques qui suivent, je situerai les deux articles présentés ici, ainsi que leurs auteurs, puis je résumerai les principales thèses qui sont développées dans ces deux textes sur le concept de droits et enfin j'essaierai d'ouvrir le débat sur un certain nombre de pistes de réflexion que peuvent inspirer ces oeuvres.

1) Une conception réaliste des droits

Les deux textes traduits ici ont presque vingt ans et ont été écrits par des auteurs qui étaient en dialogue l'un avec l'autre. Martha Minow et Robert Cover sont tous deux des héritiers et continuateurs du réalisme juridique américain. Leur oeuvre s'inscrit dans la branche Droit et Littérature des prolongateurs de ce courant, avec chez Martha Minow une pointe de féminisme critique et chez Robert Cover, dont la contribution à Droit et Littérature a été capitale, une mise en garde fortement exprimée contre une analogie trop poussée qui peut aboutir à faire l'impasse sur le côté intrinsèquement violent du droit.[1]

Martha Minow a terminé l'article dont la traduction est donnée dans cet ouvrage, peu après la mort de Robert Cover. Elle en a fait un travail en

[1] Pour une information sommaire sur les classifications employées ici, voir rubrique Etats-Unis (Grands courants de la pensée juridique américaine contemporaine), in Alland (Denis) et Rials (Stéphane) (sous la direction de), *Dictionnaire de la culture juridique*, Paris, P.U.F., Lamy, 2003, p.661-667. Sur Droit et Littérature, voir Michaut (Françoise), « Le courant Droit et Littérature aux Etats-Unis », in *Mélanges en l'honneur de Paul Amselek* (à paraître).

l'honneur du collègue disparu. Une partie de son étude porte sur la place de la violence dans le droit mais l'influence de la pensée de Cover sur cet écrit est plus profonde que cela, comme le souligne Martha Minow elle-même. On pourrait dire qu'elle est au coeur des développements de ce texte, comme le verra.

Robert Cover avait été invité à parler des droits dans le judaïsme, à l'occasion d'un colloque sur « Les fondements religieux des droits civiques », organisé par une université catholique. Il traita des obligations et c'est le texte de sa conférence qui est traduit ici, un texte court, qu'il n'a pas eu le temps d'annoter avant de quitter cette vie, un texte d'une grande vivacité d'esprit, comme toujours, qui soulève une multitude d'interrogations.

Ces textes et leurs auteurs sont réalistes parce qu'ils se situent dans l'axe de recherche qui fait de l'activité interprétative créatrice, le principe essentiel du droit et du droit, le produit de la société toute entière, une recherche qui sans cesse s'interroge sur le rapport du pouvoir et du droit.

Au sens large, l'approche réaliste du droit aux Etats-Unis se met en place à partir de la fin du dix-neuvième siècle. Elle trouve un début d'expression dans l'oeuvre d'Oliver Wendell Holmes, Jr. qui veut créer une science du droit sur le modèle des sciences de la nature et qui constate que « La vie du droit, ce n'est pas la logique mais l'expérience. Ce qui est ressenti comme nécessité d'une époque, les théories morales et politiques dominantes, les intuitions de politique publique, avouées ou inconscientes, et même les préjugés que les juges partagent avec leurs concitoyens jouent un plus grand rôle que le syllogisme, dans la détermination des règles qui doivent servir au gouvernement des hommes ».[2]

Les écrits présentés ici peuvent être localisés dans la filiation des maîtres que furent à l'Université de Yale, Hohfeld, Cook et Corbin puis, un temps, Llewellyn, ainsi que dans le sillage des « Folkways » du sociologue William Graham Sumner qui influença ce dernier via l'enseignement d'A. G. Keller.

Wesley Newcomb Hohfeld était un mathématicien venu au droit. Son intuition première a été de remplacer des catégories juridiques hétéroclites en repensant le droit comme tout d'abord des relations *sui generis* entre des personnes. Il a dégagé huit concepts juridiques fondamentaux,

---

[2] Holmes, O.W., Jr., *The Common Law*, London, MacMillan and Co., 1881, p.1.

opposés et corrélés deux à deux, désignant des relations propres au droit, pratiquement indéfinissables et qu'il s'est simplement efforcé d'illustrer. Il a ainsi opposé : le droit (« *right* ») à l'absence de droit (« *no right* »), le privilège (« *privilege* ») au devoir (« *duty* »), le pouvoir (« *power* ») à l'incapacité (« *disability* ») et l'immunité (« *immunity* ») à la responsabilité, à l'obligation (« *liability* ») et corrélé le droit au devoir, le privilège à l'absence de droit, le pouvoir à la responsabilité, à l'obligation, l'immunité à l'incapacité.[3]

Ces catégories ont suscité certaines critiques, des réserves chez Max Radin qui ne remet pas pour autant en cause les distinctions établies. Il fait remarquer, pour ce qui nous intéresse ici, que, traditionnellement, on envisage deux types de droits, les droits privilèges (« *privilege rights* ») et les droits demandes (« *demand rights* ») qui peuvent s'illustrer ainsi : « B peut s'abstenir de faire une chose qu'A désire qu'il fasse » (droit privilège), « A est en droit d'exiger que B fasse quelque chose » (droit demande). Les droits privilèges, souligne-t-il, sont en général les premiers qui viennent à l'esprit, ceux qui évoquent « le droit d'un homme à disposer librement de ses biens », « la déclaration des droits », « les droits fondamentaux ». Il va, de même, insister sur le lien de nécessité entre droit et devoir, ce sont les pôles inséparables d'une situation juridique – j'ajouterai : qui ne sont pas sans faire surgir dans la pensée du lecteur d'aujourd'hui les relations entre opposés, mises en lumière par Jacques Derrida.[4] Ces observations de Radin devaient être relevées car elles seront utiles pour la suite de cette réflexion.

Holmes, Hohfeld et Radin centrent leurs travaux sur l'activité judiciaire, même si les influences qu'elle subit de l'extérieur, ce que les juges partagent avec leurs concitoyens, n'est pas exclu. D'autres acteurs vont faire leur entrée sur la scène juridique du théoricien.

Avec Arthur L. Corbin, c'est le Léviathan qui prend forme humaine : « C'est cette multitude de petits concitoyens affairés qui constitue « la société » ou « l'Etat » et c'est leur force cumulée qui constitue le géant

---

[3] Hohfeld (Wesley Newcomb), « Some Fundamental Conceptions as Applied in Legal Reasoning », 1913, in Cook (Walter W.) (ed.), *Wesley Newcomb Hohfeld, Fundamental Legal Conceptions as Applied in Legal Reasoning*, New Haven, Yale University Press, 1920.

[4] Radin (Max), « A Restatement of Hohfeld », in *Harvard Law Review*, Vol.51, 1938, p.1141-64, à p.1149-50. Pour ce qu'évoquent ces droits fondamentaux, il faut se rappeler que Radin écrit aux environs de 1938 et non aujourd'hui où la liste de ceux-ci s'est considérablement allongée et diversifiée.

personnifié dont le bras peut être aussi puissant pour aider et pour détruire. En droit, l'ultime question est : que va faire ce géant ? »[5]

Chez Karl N. Llewellyn, ce sont tout d'abord « les officiels » du droit qui s'invitent : « Ce que font ces personnages officiels (les juges, les shérifs, les greffiers, les gardiens de prison ou les avocats) au sujet des conflits, constitue, à mes yeux, le droit lui-même. »[6] Il s'agit de dresser un constat pour une théorie du droit réaliste qui juge nécessaire de procéder à un divorce temporaire entre le « *Is* » et le « *Ought* », c'est-à-dire entre le droit tel qu'il fonctionne et le droit tel qu'il est censé fonctionner, pour, dans un second temps, pouvoir avancer des propositions concernant le discours de devoir-être (« *Ought* ») du droit.[7]

Mais dans *The Cheyenne Way*, l'ouvrage qu'il signe avec l'anthropologue E. Adamson Hoebel, la méthode qu'il préconise pour la reconnaissance du droit d'une société, repose sur une conception du droit qui fait intervenir la société toute entière. Il propose, à travers la « méthode des cas difficiles » (« *trouble case method* ») de repérer comment naît un conflit (ce qui s'est passé), ce qui, chemin faisant, a été fait par les participants au conflit à propos de ce conflit, ce qui a été fait par les tiers, quel a été le résultat et quels effets il a produit sur les parties, les cas ultérieurs et la vie du groupe.[8] Il perçoit le droit comme un moyen de règlement des conflits, susceptible de permettre par ce biais à la société de se maintenir : « Les membres du groupe...soit réussissent ainsi à traiter les revendications divergentes de manière à lui permettre de demeurer « le groupe » soit la tâche du droit ne parvient pas à s'accomplir et le groupe ou bien explose, ou bien s'effrite ou bien encore meurt. »[9] Il voit dans les revendications (« *claims* ») le moteur de la fabrication du droit. Lorsque celles-ci sont acceptées, elles donnent naissance aux règles de droit au sens traditionnel. A ses yeux, le droit se caractérise par son pouvoir de coercition (« *it has teeth* »), par sa prééminence en cas de conflit, par sa cohérence (son caractère systémique) et par son caractère officiel, son autorité (« *officialdom* »). Que le droit soit perçu comme juste et comme

---

[5] Corbin (Arthur L.), « Jural Relations and their Classification », in *Yale Law Journal*, Vol.30, 1920-21, p.227-228.

[6] Llewellyn (Karl N.), *The Bramble Bush*, New York, Oceana Publications, 1930, 2nde ed., 1951, p.12.

[7] id., « Some Realism about Realism », in *Harvard Law Review*, Vol.44, 1931, p.1224-64.

[8]. Twining (William), *Karl Llewellyn and the Realist Movement*, London, Weidenfeld and Nicolson, 1973, p.160.

[9] Llewellyn (Karl N.) and Hoebel (E. Adamson), *The Cheyenne Way*, Norman, University of Oklahoma Press, 1941, 4th printing, 1967, p.274, trad. fr. Paris, L.G.D.J., 1999.

présentant une certaine stabilité, contribue à le rendre plus facilement acceptable mais il ne s'agit pas de critères du droit.[10]

Au milieu de la décennie des années 70 du siècle dernier, le texte à interpréter est revenu au centre des débats de la théorie du droit américaine, le « tournant interprétatif » était pris. Les travaux de Martha Minow et ceux de Robert Cover se situent dans cette perspective.

2) Des droits repensés

Tant Martha Minow que Robert Cover nous propose de faire retour sur une notion enjoleuse, au charme certain, qui est devenue banale dans les discours mais qui a peut-être même du fait de sa banalisation et de son désancrage, perdu de sa force.

Martha Minow suggère une nouvelle lecture des droits qui, à ses yeux, peut avoir raison des critiques de droite et de gauche, les unes estimant que l'on fait passer n'importe quelle marchandise sous un vocable qui devrait correspondre à quelque chose de précis, les autres considérant que cette notion a ses limites et qu'elle n'apporte pas tout le soulagement attendu, les unes et les autres se retrouvant dans une déploration que la socialité décampe. Martha Minow fait observer que l'on confond ainsi le symptôme et la cause, que la division préexiste aux revendications de droits, que celles-ci en elles-mêmes ont déjà valeur intégrative dans la mesure où elles supposent l'instauration d'un dialogue.

Elle incite à envisager les droits comme une façon de tenir le langage du droit. Le droit, certes, admet-elle, comme y avait insisté Robert Cover, ne se réduit pas à une aimable conversation de salon mais comme il l'avait aussi souligné, il peut parfois donner le sentiment de répondre à une exigence de justice et à travers l'étude des revendications de droits des enfants, Martha Minow s'efforce de mettre en évidence que les droits peuvent être le moyen de lutter par la violence publique contre une violence privée, occultée au nom d'intérêts jugés supérieurs.

Martha Minow, à l'instar de Robert Cover dans « *Nomos* and Narrative », fait du droit une émanation de la société tout entière et ne limite pas le rôle d'acteurs dans la production du droit aux seuls officiels de ce droit. Tous sont interprètes et peuvent faire évoluer les interprétations des

---

[10] *ibid.*, p.283-84.

revendications.[11] Les droits apparaissent, dans cette perspective, comme une exigence éthique qui demande à être sanctionnée par le droit.

Martha Minow reprend l'idée du droit comme pont entre une situation présente qui laisse à désirer et un idéal d'avenir meilleur qui se laisse désirer et qui semble à portée de main. On demeure dans la continuité, contrairement aux expériences révolutionnaires où les repères juridiques se sont éclipsés.[12] Cette conception du droit comme pont fait du droit une aspiration, par définition jamais comblée à un état du monde meilleur et, par conséquent, un appel à un effort constant de perfectionnement.[13] Chez Martha Minow, la revendication de droits toujours nouveaux apparaît comme le mécanisme qui va permettre de répondre à cette exigence de progrès normatif de la société.

Robert Cover, dans sa conférence traduite ici, reconnaît le but des organisateurs du colloque auquel il participe : faire apparaître comme « lumière ultime » derrière le discours des droits de l'homme, sous-tendant et donnant sens à celui-ci, le Dieu au nom imprononçable de la tradition biblique et l'homme, Sa créature, faite à Son image et à Sa ressemblance et qui tire de là une dignité, source de droits inaliénables. Cependant, ce n'est pas de cela qu'il va entretenir son auditoire ou plutôt il va (s'amuser à) renverser la question et convier ses interlocuteurs à entrer dans la logique d'un autre système, d'une autre manière de penser le droit, qui consacre autrement la dignité humaine.

Et Cover d'établir un parallèle entre deux modèles de systèmes juridiques, celui sur lequel s'élabore le droit juif et celui sur lequel se construit le droit de l'Etat-nation moderne. Le concept central du premier est celui d'obligation. Il a pu survivre, il a dû survivre en s'appuyant davantage sur l'engagement de ceux qui se reconnaissent en lui que sur la violence. Le concept central du second est celui de droits. Les droits sont les armes du citoyen contre la violence étatique, son moyen d'exister, pourrait-on dire

---

[11] Cover (Robert), « The Supreme Court 1982 Term. Foreword : *Nomos* and Narrative, in *Harvard Law Review*, Vol.97, 1983, p.4-68 (trad. fr. in *Le droit dans tous ses états à travers l'oeuvre de Robert M. Cover*, textes traduits et introduits par Françoise Michaut, Paris, L'Harmattan, 2001, p.69-149.

[12] Id., « Bringing the Messiah through the Law : A Case Study », in *Nomos*, Vol.XXX, Pennock (J. Roland) and Chapman (John W.) (eds.), *Religion, Morality, and the Law*, Chap.10, P.201-217, *Yearbook of the American Society for Political and Legal Philosophy*, trad. fr. in *op. cit. supra* note 3, p.345-361.

[13] Sur le droit comme pont, voir aussi Garet (Ronald R.), « Meaning and Ending », in *Yale Law Journal*, Vol.96, 1986-1987. Garet définit très bien la position de Cover quand il la résume ainsi : « Le droit comme moyen de combler un écart est conçu sous le symbole du pont ; la narration est la substance dont est fait ce pont. »

avec Martha Minow.[14] Robert Cover constate, à propos du premier type de système, une exigence de cohérence, alors qu'il voit, dans l'autre, une ouverture à tous les vents. Il faudra revenir sur cette comparaison qui appelle des précisions mais on peut admettre, d'ores et déjà, que ce qu'il présente du système juridique de l'Etat-nation est en résonance avec ce que dit Martha Minow quand elle envisage les droits comme des revendications toujours à la merci de revendications nouvelles qui risquent de les remettre en cause.

Cover insiste enfin sur le fait que l'attribution d'une obligation précise à telle personne ou telle institution est le *sine qua non* de la reconnaissance véritable de l'existence d'un droit.

3) Perspectives ouvertes

Tant le texte de Martha Minow que celui de Robert Cover se situent dans le prolongement de l'article « *Nomos* and Narrative » de Robert Cover et celui-ci en facilite la compréhension.[15] Dans cet écrit, Robert Cover opposait déjà deux types idéaux pour les systèmes juridiques : le système paidéique et le système impérial. Le système paidéique repose sur l'engagement, le système impérial implique simplement de la part de ceux qui y sont assujettis une neutralité bienveillante. Ni l'un, ni l'autre ne peuvent exister à l'état pur.

Il était parti de la constatation que l'homme expérimente deux types d'univers : l'un, physique, dans lequel petit enfant il apprend à se mouvoir, le cosmos, l'autre, normatif, le nomos, dans lequel il doit aussi savoir évoluer. Ce monde normatif est peuplé d'ensembles de normes qu'on peut encore appeler univers ou systèmes normatifs, qui peuvent s'articuler plus ou moins harmonieusement et éventuellement se contredire et s'affronter.

Ces systèmes placent les individus devant des choix qu'il leur faut gérer en ayant conscience des enjeux d'une obéissance ou d'une désobéissance, des conséquences pour eux-mêmes, pour le système, pour les systèmes. Cover attend du juge qu'il se comporte en individu responsable et qu'il sache, le cas échéant, soulever les questions de fond plutôt que de se retrancher derrière une justification à l'économie possible comme ce fut le cas dans *Bob Jones University v. United States* qu'il commente dans « *Nomos* and Narrative ».

---

[14] Voir article traduit *infra*.
[15] Cf. *op. cit. supra* note 11.

Martha Minow parle de revendications de droits qui naissent dans la société et qui sont introduites sur la scène juridique. Cela peut paraître nous conduire loin du droit positif, sauf à se rappeler la thèse de Karl N. Llewellyn, évoquée plus haut, qui attache une importance fondamentale aux « *claims* » (revendications) dans la genèse du droit positif et de plus la notion de droits pourrait prendre une dimension nouvelle dans cette perspective. Martha Minow en fait une revendication qui dit à la fois l'appartenance à un système et une position d'extériorité par rapport à lui.

Extériorité, c'est-à-dire appartenance à un autre système qui, éventuellement, le droit reconnu, va pouvoir venir se fondre dans le système où la revendication a été exprimée ou s'articuler avec lui. Le droit revendiqué va aussi parfois demander à être lu par rapport aux exigences qu'un autre système impose à celui qui s'en reconnaît membre. *L'essentiel, alors, pour une articulation harmonieuse des systèmes, est que le système auquel il est demandé de reconnaître le droit, se place dans la logique du système qui impose l'obligation pour comprendre ce qui lui est demandé et répondre correctement à la demande.* La manipulation des qualifications sème la confusion et aboutit au dialogue de sourds qui ne génère que frustrations, incompréhensions et dépit. Le droit correctement entendu, au contraire, va être la charnière, le point de passage et l'articulation entre les deux systèmes.

Et c'est ce que sait intuitivement le droit international privé, lorsqu'il renvoie le règlement d'un conflit aux dispositions d'un autre droit que celui du for, encore que les qualifications soient en général celles de ce dernier.

Martha Minow avec ses droits comme interprétation, ses droits comme langage, suggère un système juridique dans lequel les droits ne font pas l'objet d'une compréhension fixe, bornée par la philosophie mais d'une interprétation juridique qui s'élabore et évolue sur la base des engagements éthiques qui parcourent une société. Il y a une indétermination fondamentale qui résulte de l'affrontement d'une pluralité de jugements éthiques, qui viennent informer l'interprétation. On peut se demander s'il peut en aller autrement dans nos sociétés postmodernes, dans les droits occidentaux, voire même dans la plupart des sociétés d'aujourd'hui qui n'ont pas de démocratiques que le nom, sauf à être des dictatures de la majorité s'il y en a une.

Le système a uniquement, alors, une cohérence formelle, il est dynamique, a constaté Hans Kelsen ; le système qui exige une cohérence matérielle, comme, par exemple, le système du droit juif présenté par Cover, est un système statique, au sens où il est matériellement et pas seulement formellement cohérent, non que l'interprétation n'y soit pas créatrice mais elle ne doit pas se contredire à travers le temps. Chaque interprétation, divergente en apparence, doit trouver son cadre particulier d'application, sa sphère de validité propre.

Dans un système formel, qui est un système de pouvoir, les revendications des droits sont une tentative pour exister, pour faire entendre sa différence ou définir sa sphère d'autonomie. Elles sont un outil, comme le constatent à la fois Robert Cover et Martha Minow qui souligne, quant à elle, leur utilité dans une pratique d'avocat. Ils peuvent constituer un rempart contre le pouvoir mais un fragile rempart qui dépend de la loyauté des officiels, fait remarquer Robert Cover, de la conscience d'une diversité en elle-même protectrice, au sein de la société. Si une société se pense comme une, elle a du mal à concevoir l'autre et toute minorité est potentiellement sous la menace d'une majorité sûre d'elle-même, incapable de penser qu'en reconnaissant des droits à la minorité aujourd'hui, elle assure autant qu'il est possible la protection de droits qu'elle revendiquera demain à son tour, alors qu'elle ne sera plus tout-puissante.

Tant Martha Minow que Robert Cover fait du droit la production par interprétation d'un texte qui est le produit de tous les autres textes connus d'une société ou plutôt de ses membres et, par conséquent, un produit placé sous le signe de la diversité même si l'existence d'un système va supposer la constitution d'un noyau dur sur lequel les lectures vont venir buter comme les vagues de l'océan.

Le système est plus cohérent quand il sélectionne parmi tous les textes les matériaux qui vont pouvoir servir consciemment de base à l'élaboration du droit mais il aura du mal à échapper totalement à l'influence des autres textes malgré tout.[16] C'est l'une des grandes leçons que je retiendrai, pour ma part, du texte de Cover.

Sommes-nous, avec ces considérations sur les droits et les obligations si loin du courant Droit et Economie qu'il pourrait y paraître à première vue ? Il semble bien que ce serait une erreur de le croire. Cover nous rappelle qu'un droit a un prix, qu'il suppose que quelqu'un soit obligé, qu'il s'agisse d'un coût financier ou d'une autre limitation. Il appelle l'acteur qu'il soit juge ou simple particulier, qui s'apprête à transgresser

---

[16] Cf. *op. cit. supra* note 12.

les obligations que lui impose le système juridique, par souci éthique, a un calcul de coût pour juger de la validité de son engagement.[17] Et, chez Martha Minow, la reconnaissance d'un droit par le système juridique peut présenter un avantage en termes d'intégration, de meilleures relations entre membres de la société. Elle peut réduire les antagonismes, toujours préjudiciables entre les systèmes. Les courants Droit et Littérature et Droit et Economie sont de ce point de vue des continuateurs du réalisme juridique américain parfaitement complémentaires.

L'article de Robert Cover traduit ici peut aussi être lu comme une invitation à déconstruire le discours sur les droits, à en rechercher le cheminement historique, fait de ruptures pour, peut-être, en proposer une nouvelle version plus cohérente, qui passera par Hohfeld et Radin, qui intégrera les coûts et qui n'oubliera pas d'être comme celles de Martha Minow et de Robert Cover, postmoderne mais qui aura *peut-être* aussi un noyau dur de consistance, de cohérence matérielles, ancré qu'il sera également dans une exigence éthique. Le « peut-être » se fonde sur le doute que le pluralisme puisse et doive être totalement dépassé. Un droit universel supposerait un pouvoir universel et l'ombre de Babel (l'absolutisme d'un pouvoir humain). Par contre, on ne peut pas exclure totalement l'éventualité de l'émergence fragile d'une formule qui fixe les termes d'une coexistence harmonieuse entre systèmes étatiques et non étatiques au profit de l'individu, la reconnaissance apaisée de multiples appartenances.

On peut se demander si, dans l'article de Robert Cover comme dans celui de Martha Minow, il n'y a pas, sous-jacentes, deux conceptions des droits qu'il faudait distinguer : celle précisément des droits privilèges, des droits libertés, droits d'abord contre l'Etat et celle des droits demandes ordinaires, variées, le droit lié à l'obligation, au devoir d'autrui qui est l'objet même de tous les procès. Au point de vue procédural, le mécanisme peut être le même, au point de vue symbolique, il en va autrement et Martha Minow semble glisser allègrement de ce niveau symbolique où se font les affrontements entre droite et gauche par exemple sur « les droits » à la procédure habituelle où peut surgir une demande nouvelle qui sera susceptible d'être acceptée comme répondant à une situation nouvelle ou à une exigence éthique perçue de façon plus aiguë. Les droits, dans le premier cas, renvoient le plus souvent à une situation antérieure au droit, comme le montre Cover et cela explique qu'il puisse opposer un système reposant sur des droits et un système qui ne connaîtrait pas la notion de droits. Dans l'un et dans l'autre, il y a des

---

[17] Cf. *op. cit. supra* note 11.

revendications qui s'expriment mais, dans l'un, elles s'appuient sur le système existant, dans l'autre, elles font appel à quelque chose d'extérieur ou en suspens (c'est un droit non juridique avant d'être juridique).

Ces revendications vont parfois essayer simplement d'employer les ressources de la structure existante en la forçant plus ou moins pour s'inscrire dans le système mais alors le droit revendiqué est lui-même déformé, que ce soit clairement admis ou non par ceux qui l'exigeaient.

Arthur Jacobsohn a opposé aux catégories de Hohfeld le caractère fluctuant de la règle de droit, de la *common law*, qui ne permet pas de considérer qu'un droit ou un devoir est établi.[18] Cela nous ramène au droit comme prédiction de ce que feront les officiels chez Holmes mais rien n'empêche d'exprimer les conclusions auxquelles parvient l'observateur ou l'acteur engagé (l'avocat) dans les catégories hohfeldiennes. Cela nous rapproche de la conception des droits chez Martha Minow.

[18] Cf. Campbell (David) and Thomas (Philip) (eds.), *Fundamental Legal Conceptions as Applied in Judicial Reasoning by Wesley Newcomb Hohfeld*, Ashgate, Dartmouth, 2001, p.xxii-xxiii. Sur la règle de droit, voir Jacobsohn (Arthur), « The Idolatry of Rules : Writing Law According to Moses, with Reference to Other Jurisprudences », in Cornell (Drucilla), Rosenfeld (Michel) and Carlson (David Grey) (eds.), *Deconstruction and the Possibility of Justice*, New York and London, Routledge, 1992.

Martha Minow* « Interpréter les droits. Un essai en mémoire de Robert Cover »

(Traduction de : Martha Minow, « Interpreting Rights. An Essay for Robert Cover, in *Yale Law Journal*, Vol.96, 1987, p.1860-1915.)

> « Je ne parviens pas à réconcilier la vision d'un enfant battu avec la croyance que nous choisissons ce qui nous arrive, que nous créons notre propre monde. » (Gloria Anzaldua)[1]

Les droits sont sous attaque. Des conservateurs en critiquent l'extension en tant qu'elle serait privée de base légitime, qu'elle contribuerait à la montée des antagonismes et des conflits sociaux ou encore qu'elle saperait le respect dû au droit. Des penseurs de gauche leur reprochent de se placer sous le signe de l'incohérence et de l'indétermination ou d'aller à l'encontre du sentiment communautaire et de la responsabilité. Que ce soit pour une raison ou pour l'autre, ils sont assaillis.

Une constatation historique, simple pourrait expliquer la popularité dont jouit actuellement le discours contre les droits. Des réformes politiques et juridiques ont, au cours des toutes dernières décennies, réussi à établir de nouveaux droits fondés sur la race, le sexe, l'environnement, l'âge et le

---

* Professeur à l'Université de Harvard. Je suis pleine de reconnaissance envers Joe Singer, Jim Brudney, Richard Fallon, Willy Forbath, Mary Joe Frug, Mary Ann Glendon, Chris Desan Husson, Frank Michelman, Austin Sarat, Elizabeth Schneider, Avi Soifer, Vicky Spelman, Kathleen Sullivan, Cass Sunstein, and George Taylor pour l'aide qu'ils m'ont apportée ; envers les directeurs du *Yale Law Journal* et spécialement Nancy Marder, Tanina Rostain et Andrea Stumpf pour les conseils qu'elles m'ont prodigués ; envers les communautés de lecture créées par deux merveilleux cercles féministes et envers Mari Matsuda, Gerald Torres, Patricia Williams, Harlon Dalton, Robert Williams, et Denise Carty-Bennia pour le bénéfice que j'ai retiré des présentations orales que j'ai pu faire lors de la Conférence sur le Racisme des Critical Legal Studies de 1987, alors que je révisais cet essai.

[1] Gloria Andalzua, « La prieta », in Moraga (C.) and Anzaldua (G.), (eds.), *This Bridge Called My Back* , 1981, p.198, à p.208.

handicap et de nombreux juristes savants sont en désaccord avec ces directions de changement. Par ailleurs, la formulation actuelle et l'application présente de ces droits dans des contextes spécifiques a déçu ceux qui recherchaient des bouleversements plus significatifs. Peut-être, plus subtilement, les conceptions des rapports humains impliquées par les droits nouvellement reconnus perturbent-elles et désenchantent-elles à la fois ceux qui croient dans les formes de culture traditionnelles et ceux qui attendent des alternatives non encore réalisées. Une fois les droits perçus comme prêtant le flanc à la critique, ils sont en général ressentis comme inadéquats.

Un développement contemporain en théorie du droit offre une réponse à chacune de ces objections aux droits. Celui-ci décrit la méthode employée par le droit comme celle de l' « interprétation ». Comme théorie de l'action judiciaire, ce tournant interprétatif est sans nul doute redevable aux développements en théorie des sciences sociales, en critique littéraire, en philosophie et en théologie.[2] En droit, des chercheurs de couleurs politiques variées ont pris le tournant interprétatif.[3] L'idiome de

---

[2] Voir, par exemple, Bernstein (R.), Beyond *Objectivism and Relativism : Science, Hermeneutics, and Praxis*, 1983 (théorie sociale) ; Buber (M.), *Between Man and Man*, 1959 (théologie) ; Eagleton (T.), *Literary Theory*, 1983, trad. en fr. : *Critique et théorie littéraires : une introduction* par Maryse Souchard, Paris, P.U.F., 1994 (théorie littéraire) ; Fish (S.), *Is There a Text in This Class ?*, 1980 (théorie littéraire) ; Geertz (C.), *The Local Knowledge*, 1983 (anthropologie) ; Kuhn (T.), *The Essential Tension*, 1977, trad. en fr. : *La tension essentielle : tradition et changement dans les sciences*, par Michel Biezunski, Pierre Jacob, Andrée Lyotard-May et Gilbert Voyat, Paris, Gallimard, 1990 (philosophie des sciences) ; Ricoeur (P.), *Interpretation Theory*, 1976 (philosophie) ; Rorty (R.), *Philosophy and the Mirror of Nature*, 1979, trad. en fr. : *L'homme spéculaire*, par Thiery Marchaisse, Paris, Seuil, 1990 ; Winch (P.), *The Idea of a Social Science and its Relation to Philosophy*, 1958 (théorie sociale) ; voir aussi Bellah (R.), Madsen (R.), Sullivan (W.), Swidler (A.) and Tipton (S.), *Habits of the Heart: Individualism and Commitment in American Life*, 1985 (sociologues qui adoptent l'approche interprétative) ; LaCapra (D.), *History and Criticism*, 1985 (à propos du débat entre historiens sur l'interprétation) ; R. Levins and R. Lewontin, *The Dialectical Biologist*, 1985, p.273-88 (explorant les idéologies présentes dans les théories biologiques et proposant une approche dialectique mettant l'accent à la fois sur les liens entre les parties qui composent un ensemble et entre observateur et observé) ; Bell, « The Turn to Interpretation : An Introduction », in *Partisan Review*, Vol.51, 1984, p.215, à p.218 (introduisant le symposium sur le tournant interprétatif qui « signifie le passage des sciences sociales – ou de ceux qui pratiquent cet art – du modèle des sciences de la nature et de leurs modes d'investigation aux humanités ») ; Papke, « Neo-Marxists, Nietzcheans, and New Critics : The Voices of the Contemporary Law and Literature Discourse », in *American Bar Foundation. Research. Journal*, 1985, p.883 (rendant compte de J. B. White, *When Words Lose Their Meaning*, 1984).

[3] Voir Brest, « Interpretation and Interest », in *Stanford Law Review*, Vol.34, 1982, p.765 ; Fish, « Fish and Fiss », in *ibid.*, Vol.36, 1984, p.1325 ; Fiss, « Objectivity and Interpretation », in *ibid.*, Vol.34, 1982, p.739 ; « Interpretation Symposium », in *Southern California Law Review*, Vol.58, 1985 ; « Symposium : Law and Literature », in *Texas Law Review*, Vol.60, 1982, p.373 ; Weisberg, « A Response to Fish and White », in *Miss. C. L.*

l'interprétation a peut-être la capacité de reprendre les longs débats juridiques sur les buts et la nature du droit et de l'action judiciaire.[4] Je défends ici une version particulière du tournant interprétatif en droit, celle qui décrit le droit comme langage commun et qui relie le droit aux contextes sociaux dans lesquels des normes peuvent être générées et recevoir un sens.

Je soutiens aussi une version de l'interprétation en lutte contre les modèles établis du pouvoir et de l'autorité.[5] Selon mon point de vue, les

---

Rev., Vol.5, 1984, p.57 ; White, « Law as Rhetoric, Rhetoric as Law: The Arts of Cultural and Communal Life », in *University of Chicago Law Review*, Vol.52, 1985, p.684 ; voir aussi McIntosh, « Legal Hermeneutics: A Philosophical Critique », in *Oklahoma Law Review*, Vol.35, 1982, p.1 (évaluant le tournant interprétatif en théorie du droit) ; Patterson, « Interpretation in Law – Toward a Reconstruction of the Current Debate », in *Villanova Law Review*, Vol.29, 1984, p.671 (même chose) ; Phelps and Pitts, « Questioning the Text: The Significance of Phenomenological Hermeneutics for Legal Interpretation », in *St. Louis University Law Journal*, Vol.29, 1985, p.353 (même chose). Bien que certains chercheurs mettent l'accent sur la multiplicité des significations des textes juridiques, les notions multiples de l'entreprise interprétative et la quête de certitude comme elle-même un symptôme de notre « désordre collectif » (Levinson, « On Dworkin, Kennedy, and Ely : Decoding the Legal Past », in *Partisan Review*, Vol.51, 1984, p.248, à p.262), deux nouveaux venus dans l'entreprise insistent sur la fixité du sens. Voir Fried, « Sonnet LXV and the « Black Ink » of the Framers' Intention », in *Harvard Law Review*, Vol.100, 1987, p.751 ; Posner, « Law and Literature », in *Va. L. Rev.*, Vol.72, 1986, p.1351.

4 Voir Minow, « Law Turning Outward », in *TELOS*, Vol.73, 1986 (comparant le mouvement Droit et Littérature avec les Critical Legal Studies et Droit et Economie) ; le mouvement Droit et Littérature semble avoir des adeptes liés aux camps définis par d'autres écoles de pensée.

5 Ainsi, ce projet aborde deux débats distincts et qui, cependant, se recoupent au sein des disciplines académiques : (1) le débat méthodologique sur l'interprétation opposée au positivisme et au fonctionnalisme et (2) le débat politique sur l'utilisation de la connaissance pour combattre les modèles dominants de pouvoir ou l'indifférence de la connaissance aux arrangements de pouvoir établis ou à sa participation à ceux-ci. Dans la situation actuelle, les tenants de la méthode interprétiviste s'opposent sur l'interprétation comme forme de critique et les tenants de la méthodologie positiviste discutent de la possibilité ou du devoir pour le travail empirique (ou, dans le cas des praticiens, pour les sanctions d'Etat positives) de remettre en cause ces arrangements sociaux existants. Une autre ligne de bataille sépare ceux qui préconisent la résistance au pouvoir établi à travers les stratégies interprétatives et ceux qui cherchent à découvrir les faits, les droits ou l'autorité pour le changement. Un schéma résumant ces positions peut aider à expliquer pourquoi les théoriciens ont souvent le sentiment d'être en étrange compagnie et d'avoir des opposants surprenants.

(voir page suivante)

efforts faits pour créer des normes et leur donner sens, à travers le langage des droits, interviennent fréquemment et de façon significative en dehors des institutions juridiques formelles, telles que les juridictions. « L'interprétation juridique », en ce sens, est une activité à laquelle se livrent les non-juristes aussi bien que les juristes et les juges. L'activité interprétative relève non pas d'une communauté dont l'autorité est prédominante mais de gens qui vivent dans des mondes marqués par la différence. A travers l'activité interprétative, les gens font émerger un sens d'appartenance potentielle à une communauté sans renoncer aux combats portant sur la signification et le pouvoir.

Cette approche interprétative du droit offre une défense prometteuse dans la guerre à deux fronts menée contre les droits par les critiques de droite et de gauche. Elle répond aux reproches de la droite disant que les « nouveaux droits » sont dépourvus de fondement objectif et aux accusations d'indétermination de la gauche en renvoyant aux processus intellectuels et sociaux au moyen desquels les individus et les groupes produisent du sens. Cette approche s'oppose au reproche de droite selon lequel les droits privilégieraient le conflit par rapport à la communauté et à l'accusation de gauche qui prétend que les droits favorisent l'individualisme aux dépens de la communauté.[6] L'approche

---

	méthodes interprétatives	positivisme
utilisation de la connaissance pour résister aux modèles de pouvoir établis		
utilisation de la connaissance pour confirmer les modèles de pouvoir établis		

Je crois que la méthode interprétative rend mieux compte des autres méthodes et est en conséquence supérieure à elles mais je reconnais que le critère même d'évaluation des méthodes en concurrence est incommensurable et manque de cohérence. La persuasion entre camps est, donc, peu susceptible de passer par le biais des méthodes.

6 Bien qu'il y ait une convergence surprenante entre les invocations de la « communauté » à droite et à gauche, le terme « communauté » n'en désigne pas moins des conceptions divergentes. Voir Parker, « Issues of Community and Liberty », in *Harv. J.L & Publ. Pol'y*, Vol.8, 1985, p.287 (qui distingue la communauté républicaine conservatrice qui inclut une hiérarchie du républicanisme populiste qui prône l'égalité). Comparer Berns, « Does the Constitution « Secure These Rights ? » » in Goldwin (R.) and Schambra (W.) (eds.), *How Democratic Is the Constitution ?* , 1980 avec Walzer (M.), *Spheres of Justice*, 1983, , tr. en fr. : *Sphères de Justice : une défense du pluralisme et de l'égalité,* par Pascal Engel, Paris, Ed. du Seuil, 1997) (communauté libérale) et Lynd, « Communal Rights », in *Texas Law Review*, Vol.62, 1984, p.1417 (communauté de changement social).

interprétative permet le débat sur les choix politiques et juridiques sans se réclamer d'une harmonie sociale qui n'existe pas et sans exclure des changements sociaux non encore imaginés. Elle fonde les droits dans des processus de communication et de fabrication de sens plutôt que dans des fondements abstraits et stables.

La première partie de cet essai constitue une défense de l'approche interprétative. J'y continue ces thèmes interprétatifs et j'y présente ce qui peut sembler une défense à contre-courant des droits comme outils d'expression et de renforcement de la communauté. Dans la seconde partie, je traite d'un défi important à l'approche interprétative, posé par l'essai de Robert Cover « Violence and the Word ».[7] En vérité, comme dans d'autres domaines, l'oeuvre de Cover change les termes de la discussion, nous ne pouvons pas continuer comme avant, dès lors que nous avons entendu ses propos. La seconde partie de cet essai reprend les termes du débat qu'a introduit Cover et s'attache sérieusement à répondre à sa demande que soit mis à jour ce que l'approche interprétative peut dissimuler.

Pour éviter la nature souvent abstraite des discussions concernant les débats sur les droits et l'interprétation juridique, je vais explorer ces thèmes dans le contexte des droits des enfants. Un débat animé à propos du devoir ou non d'étendre les droits des adultes aux enfants se déroule dans la pratique juridique et le commentaire social. Que des droits ; reconnus par le passé aux enfants puissent leur être enlevés, tout comme la vulnérabilité des droits des enfants aux changements d'interprétation, montre l'origine humaine des droits.[8] Pour moi, la question est véritablement comment « réconcilier la vision d'un enfant battu avec la croyance que nous choisissons ce qui nous arrive, avec la croyance que nous créons notre propre monde », par nos actes et nos interprétations.[9]

---

[7] Cover, « Violence and the Word », in *Yale Law Journal*, Vol.95, 1986, p.1601, tr. en fr. in Le droit dans tous ses états à travers l'oeuvre de Robert M. Cover, textes traduits et introduits par Françoise Michaut, Paris, L'Harmattan, 2001, p.173-210 (ci-après « Violence and the Word ») ; voir aussi Cover, « The Bonds of Constitutional Interpretation. Of the Word, the Deed, and the Role », in *Georgia Law Review*, Vol.20, 1986, p.815 (ci-après « The Bonds of Constitutional Interpretation »).

[8] Voir *infra* note 28 (à propos des changements dans la réglementation constitutionnelle sur les droits des mineurs dans le système judiciaire pénal). Les droits des mineurs au titre du Premier amendement sont aussi susceptibles d'être soumis à une rénovation. Compare *Tinker v. Des Moines Indep. Community School Dist.*, 393 U.S. 503 (1969) avec *Bethel School Dist. No 403 v. Fraser*, 106 S. Ct. 3159 (1986) ; voir aussi *Kuhlmeier v. Hazelwood School Dist.*, 795 F.2d 1369 (8th Cir. 1986), *cert. granted*, 55 U.S..L.W. 3493 (1986) (censure d'une revue étudiante rejetée par une cour fédérale ; contrôle de la Cour Suprême en attente).

[9] Anzaldua, *supra* note 1.

Quand je me suis mise à travailler sur ce projet il y a peu, je me suis dit que Bob Cover m'aiderait à démêler cela et à découvrir mes erreurs. Je savais qu'il préparait l'article qui est devenu « Violence and the Word », je savais qu'il reprochait à la théorie juridique « interprétative » de faire l'impasse sur les différences entre le droit et l'interprétation des textes littéraires. Cependant, je tirais aussi substance de ses conceptions de la communauté interprétative et de sa propre pratique de la création de celles-ci. Je suis l'une de ces nombreuses personnes abandonnées au milieu d'une conversation, comme le dit Avi Soifer, auxquelles manquent les mots pour décrire cette perte d'un homme qui comprenait si bien ce que les mots peuvent dire et ce qu'ils ne peuvent pas dire. Cet essai, en mémoire de Bob, est mon pauvre effort de contribution au genre de conversation qu'il va susciter au cours des années à venir.

I) Une critique des critiques

> Pouvons-nous créer du sens pour nos vies sans priver de sens la vie des autres ? (Thomas Szasz)[10]

Deux critiques largement diffusées des développements juridiques actuels veulent que les droits aient proliféré en dehors de toute autorité légitime et que cette explosion des droits ait produit tout autant qu'exprimé un climat de conflit social dysfonctionnel, des procès et une perte du sens de la communauté.[11] Ces deux accusations ont été grandement débattues aussi je ne vais pas reprendre ici l'argumentation. Je me contenterai de dire que des personnages publics sérieux et des chercheurs reprochent aux nouveaux types de droits juridiques d'être dépourvus de fondement dans le texte de la constitution et dans les autres ancrages de l'autorité

---

[10] Szasz (T.), *The Manufacture of Madness*, 1970, p.287, *L'Age de la folie*, trad. en fr. par Judith Ochs, Paris, P.U.F., 1978.

[11] Voir Friedman (L.), *Total Justice*, 1985, p.6-22 (qui discute de la perception d'une « explosion des litiges, d'une crise de la légitimité juridique et de l'accusation qu'il y aurait « trop de juristes ». L'analyse de Friedman explore la substance d'une « nouvelle culture juridique » qui inclut une « attente générale de justice » et « une attente générale de dédommagement » (*ibid.*, p.43). Cette analyse identifie les développements doctrinaux modernes et invite à juger en ces termes plutôt qu'en termes de nombre accru de juristes et de procès. Voir aussi Galanter, « Reading the Landscape of Justice : What We Know and Don't Know (and Think We Know) About Our Allegedly Contentious and Litigious Society », in *University of California in Los Angeles Law Review*, Vol.31, 1983, p.4 (qui prétend que l'impression d'un taux pathologique de litiges aux Etats-Unis est trompeuse).

juridique ;[12] certains prétendent même que la préoccupation des droits est une maladie de cette société, qui empêche le développement d'une harmonie sociale.[13]

Des chercheurs associés à la Conférence sur les *Critical Legal Studies* émettent une autre critique contre les droits. Certains de ces penseurs avancent l'argument que les droits présentent une incohérence interne, parce qu'ils expriment des buts contradictoires tels que la « liberté » et la « sécurité ».[14] Une telle incohérence permet, aux yeux des critiques, la manipulation et la mystification par ceux qui emploient la rhétorique des droits et produit de l'aliénation chez ceux qui sont confrontés au système juridique. En outre, certains reprochent aux droits qui prévalent de présupposer et de renforcer une notion d'autonomie individuelle et de déconnexion par rapport aux autres, plutôt que la notion de liens

[12] Voir, par exemple, The Federalist Soc'y, *The Great Debate Interpreting Our Written Constitution*, 1986 (discours du Ministre de la Justice, Edwin Meese III, des juges à la Cour Suprême William J. Brennan, Jr. et John Paul Stevens, du juge Robert Bork et du Président Ronald Reagan) ; Berns, *op. cit. supra* note 6 ; Brest, « Meese, the Lawman, Calls for Anarchy », in *The New York Times*, Nov.2, 1986, à E23, col.1. La recherche des fondements (« foundations ») est souvent traitée comme une fin en soi dans un milieu politique et culturel incertain à propos des fins dernières. Cependant le dictionnaire définit les « fondations » simplement comme la couche inférieure sur laquelle nous plaçons les couches supérieures – non comme la base ultime. Voir *Webster's New Collegiate Dictionary*, 1977, p.454 (la fondation est « l'acte de fonder », « la base sur laquelle quelque chose repose ou s'appuie », et « un élement ou un sol sur lequel quelque chose est construit ou incrusté ».) Nous créons des fondations, nous fondons des institutions ; nous sommes des participants, constituant un ordre. La structure d'analyse intégrante et interactive, adoptée dans cet essai ne répond cependant pas aux théoriciens objectivistes ou fonctionnalistes en termes de leurs propres critères, qui expriment une théorie distincte de la connaissance et du sens. Voir aussi Berns, *op. cit. supra* note 6 (nous pouvons affirmer qu'il existe un degré de « démocratie » dans la constitution en nous référant aux conditions de sa ratification).

[13] Voir, par exemple, Morgan (R.), *Disabling America : The « Rights Industry » in our Time*, 1984, p.3 (le souci grandissant des libertés publiques a « paralysé les principales institutions américaines, à la fois gouvernementales et privées ») ; Bork, « The Struggle over the Role of the Court », in *Nat'l Review*, Vol.34, 1982, p.1137 ; Silberman, « Will Lawyering Strangle Democratic Capitalism ? », in *Reg.*, March-April 1978, à p.15, 44 (l'extension du processus juridique a un effet dommageable sur la société).

[14] Pour une version élégante de cette thèse, voir : Dalton, « An Essay in the Deconstruction of Contract Doctrine », in *Yale Law Journal*, Vol.94, 1985, p.997 (qui discute des incohérences et de l'indétermination dans la doctrine des contrats). On peut répondre à cette accusation en disant que les règles juridiques s'appliquent dans des contextes spécifiques et qu'en se rapportant à des traits contextuels spécifiques, il est possible de résoudre, tout au moins dans le cas immédiat, la tension entre, disons, la liberté et la sécurité. De même, dans un contexte donné, le langage prend un sens. N'importe quel mot répété plusieurs fois hors contexte peut en venir à sembler une absurdité mais dans son contexte d'usage, les gens lui confèrent une signification. Les contextes eux-mêmes sont variables, ils ne sont pas donnés mais en passant du mot au contexte et en choisissant parmi les contextes, les gens donnent des significations et testent celles-ci dans leurs façons de vivre.

importants entre individus et entre l'individu et la société en général.[15] Le défi communautaire ressemble à la quête d'une harmonie sociale dans les écrits de certains critiques conservateurs, bien que les penseurs conservateurs et les penseurs radicaux aient des vues divergentes sur la communauté, le bien et le souci des individus.[16]

Ces débats à propos des textes juridiques ressemblent aux débats en théorie littéraire sur la signification des textes litéraires.[17] Un lecteur peut-il discerner le sens « vrai » du texte, l'intention de l'auteur ou quelque autre signification qui fasse autorité ? Ou bien chaque texte est-il susceptible de multiples interprétations, sans qu'aucune signification ne fasse autorité ?[18] Il n'est peut-être pas surprenant que les théoriciens du droit et les théoriciens de la littérature se lisent et se citent les uns, les autres, au milieu de leurs débats.[19] Certains théoriciens du droit espèrent trouver des fondements à la signification juridique dans l'analogie avec l'interprétation littéraire, ces fondements pourraient résider dans les communautés interprétatives spécifiques ; d'autres voudraient mettre en évidence les sens multiples, quelquefois volontairement étouffés, des textes juridiques. Les débats en théories juridique et littéraire convergent dans les oeuvres de plusieurs auteurs qui ont développé des idées sur la façon dont les textes aident à créer des communautés, à établir un

---

[15] J'ai moi-même, dans mes travaux, critiqué les droits en tant qu'ils préserveraient la recherche d'une « différence réelle » dans le contexte d'égale protection (voir Minow, « When Difference Has Its Home : Group Homes for the Mentally Retarded, Equal Protection and Legal Treatment of Difference », in *Harvard Civil Rights-Civil Liberties Law Review*, Vol.22, 1987, p.111 [ci-après « When Difference Has Its Home »]) et en tant qu'ils privilégieraient l'autonomie individuelle plutôt que les responsabilités communes (voir Minow, « *Forming Underneath Everything That Grows* : Toward a History of Family Law », in *Wisconsin Law Review*, 1985, p.819). J'ai, dans ces mêmes travaux, plaidé pour une interprétation des droits de façon à construire une conception plus riche de l'interdépendance entre les hommes. Le présent essai se veut une contribution à la lecture des droits de cette façon.

[16] Voir Nisbet (R.), *The Question for Community*, 1953.

[17] Voir « Violence and the Word », *op. cit. supra* note 7, à p.1606 note 15. Christopher Norris, un théoricien de la littérature, traitant des débats en théorie littéraire et en théorie juridique a comparé ce qu'il appelle « les usages conservateurs de l'analogie en droit et dans la littérature », qui font appel aux significations consensuelles, avec une approche déconstructionniste, qui met l'accent sur les choix irréconciliables posés par les textes (Norris (C.), *The Contest of Faculties*, 1985, p.182 et voir *ibid.*, p.167-92).

[18] Voir Fish, « Working with the Chain Gang; Interpretation in Law and Literature », in *Texas Law Review*, Vol.60, 1982, p.551, trad. en fr. par Odile Nerhot, in Stanley Fish, *Respecter le sens commun*, Paris et Diegem, L.G.D.J. et Story-Scientia, 1995, p.35-52 ; Fish, *op. cit. supra* note 3.

[19] Le débat entre Fish et Fiss en est une illustration flagrante (Voir Fish, *op. cit. supra* note 3 ; Fiss, « Conventionalism », in *Southern California Law Review*, Vol.58, 1985, p.177 ; voir aussi Levinson, *op. cit. supra* note 3 (les théoriciens du droit engagés dans un débat sur la nature de l'interprétation des textes).

discours partagé et à produire des contextes pour lier le passé au futur et la créativité à la tradition. James Boyd White, Milner Ball, Ronald Dworkin et Robert Cover ont chacun écrit des variations sur cet ensemble d'idées que j'appelle le « tournant interprétatif ». White écrit que « l'argument juridique est un processus organisé et systématique de conversation dans lequel nos mots prennent leur signification et en changent ».[20] Ball explique : « J'ai proposé le droit comme un intermédiaire – le droit comme lien plutôt que comme séparation, suscitant un flot de dialogue, contenant la dynamique de la vie en commun ».[21] Dworkin suggère que :

> « L'attitude du droit est constructive : il vise, dans un esprit interprétatif, à poser des principes sur la pratique pour montrer la route préférable vers un avenir meilleur, en gardant la fidélité adéquate envers le passé. C'est en définitive une attitude fraternelle, une expression de la communauté qui nous unit en dépit des projets, des intérêts et des convictions qui nous divisent ».[22]

Cover évoque l'univers normatif qui «se maintient par la force des engagements interprétatifs – les uns petits et privés, les autres immenses et publics ». [23] Il ajoute que « [l]'intelligibilité d'un comportement normé tient au caractère commun des narrations qui fournissent le contexte de ce

---

[20] White (J. B.), *op. cit. supra* note 2, p.268. Il écrit de même : « Cette constitution – comme les autres instruments de ce type – est ainsi au sens littéral une constitution rhétorique : elle constitue une communauté rhétorique, fonctionnant au moyen de procédés rhétoriques qu'elle a établis mais qu'elle ne peut plus contrôler. Elle instaure une conversation nouvelle sur une base permanente » (*ibid.*, p.246). Ce qui me préoccupe dans l'oeuvre de White, c'est qu'il donne une image du monde trop confortable, supposant l'accord et la communauté précisément là où ils font défaut. Ma propre approche cherche à mettre au centre le désaccord et la différence quand des personnes interprètent leurs relations sociales à travers une rhétorique des droits.

[21] Ball (M.), *Lying Down Together Law, Metaphor, and Theology*, 1985, p.122. Il suggère spécialement que nous pouvons « discerner dans le droit international, l'ébauche d'un forum et d'un langage capables de fournir une dynamique à une conversation internationale » (*ibid.*, p.66).

[22] Dworkin (R.), *Law's Empire*, 1986, p.413, trad. fr.: *L'empire du droit*, Paris, P.U.F., 1994. peut-être, Dworkin est-il intéressé plus que les autres à trouver un fondement pour les décisions judiciaires mais il rejette la possibilité de discerner l'intention de l'auteur (voir *ibid.*, p.228-29) et, au lieu de cela, établissant un parallèle entre interprétation littéraire et interprétation juridique, il appelle à explorer les couches de sens et les tensions qui s'interposent entre pratiques et finalités (Voir *ibid.*, p.47-49).

[23] Cover, « The Supreme Court, 1982 Term – Foreword : *Nomos* and Narrative », in *Harvard Law Review*, Vol.97, 1983, p.47, trad. en fr. in *op cit. supra* note 7, p.69-149 (ci-après « *Nomos* and Narrative »). La critique du tournant interprétatif chez Cover fait l'objet de la seconde partie de cet essai.

comportement.[24] Pour Cover, les types de communautés dans lesquels les significations normatives peuvent se nourrir ont beaucoup de chances d'être extérieurs à la culture juridique, séculière, officielle et peuvent même être minées par les règles juridiques officielles. Néanmoins, son schéma pour la compréhension de la signification juridique – officielle ou non officielle, publique ou privée – dépend d'une notion de faire sens à travers des narrations communes.

Avant de développer ces thèmes de l'interprétation, je dois essayer de clarifier ce que j'entends par « droits », ce terme trop utilisé dans les débats politiques, philosophiques et juridiques. Définir « droits » est une tâche difficile parce qu'il y a une ambiguité considérable dans les significations invoquées à l'occasion des débats à propos des droits, et parce que beaucoup d'encre a coulé de la plume des théoriciens de la politique et du droit pour traiter de ce sujet. Une signification est les règles juridiques énoncées formellement qui concernent les relations entre les individus, les groupes et l'Etat officiel. « Les droits » sont typiquement la formulation de telles règles dans une forme qui décrit les revendications recevables des individus et des groupes contre l'Etat.[25] Cependant une seconde signification va prendre de l'importance dans cet essai. Les « droits » peuvent faire émerger une « conscience des droits » si bien que les individus et les groupes parviennent à imaginer des droits

---

[24] *ibid.*, p.10.

[25] Certains théoriciens ont offert des typologies des droits et des analyses de la relation entre les différentes espèces de droits. Voir Berlin (I.), « Two Concepts of Liberty », in id., *Four Essays on Liberty*, 1969) (distinguant entre libertés positives et libertés négatives) ; Hohfeld (W.), *Fundamental Legal Conceptions*, 1919 (analysant les distinctions et les relations entre privilèges, compétence, immunités et droits) ; Unger (R.) in *Politics*, Vol.2 (qui fait la distinction entre droits à l'immunité, droits à la solidarité, droits du marché et droits de déstabilisation) ; Golding (M.), « The Primacy of Welfare Rights », in *Social Philosophy & Policy*, Vol.1, 1984, p.119 (comparant le droit à la liberté avec les droits au bien-être comme droits à l'attribution de biens) ; Unger, « The Critical Legal Studies Movement », in *Harvard Law Review*, Vol.96, 1983, p.561, 597-600. Bien que certaines de ces distinctions puissent être utiles, sur des points particuliers, développés dans cet essai, la définition générale des droits offerte par le texte sera une pierre de touche pour mon analyse et je n'ai pas l'intention de m'engager directement dans la vaste littérature philosophique sur les droits. Voir, par exemple, Dworkin (R.), *Taking Rights Seriously*, revised ed. 1977, trad. en fr. : *Prendre les droits au sérieux*, Paris, P.U.F., 1995 ; Gewirth (A.), *Human Rights*, 1982 ; MacCormick (N.), *Legal Rights and Social Democracy*, 1982 ; Melden (A.), *Rights and Persons*, 1977 ; Rawls (J.), *A Theory of Justice*, 1971. Voir, en général, Waldron (J.) (ed.), *Theories of Rights*, 1984 (essais sur diverses conceptions des droits).
Comme indiqué dans ma seconde définition des droits, j'ai l'intention de minorer l'importance de l'Etat à la fois dans la génération et l'application des droits, je m'intéresse au contraire, au discours normatif sur les droits. Voir aussi Cover, « Folktales of Justice : Tales of Jurisdiction », in *Capital University Law Review*, Vol.14, 1985, p.179, ci-après désigné par « Folktales of Justice » (explorant le langage normatif en dehors du pouvoir officiel).

qui n'ont pas été reconnus ou appliqués formellement et à agir à la lumière de ceux-ci. Les droits, en ce sens, ne connaissent pas de limites ni ne sont précisément co-extensifs aux règles formellement énoncées et appliquées par les autorités publiques. Ils représentent plutôt l'expression – publique ou privée, formelle ou informelle – de revendications que des gens utilisent pour en persuader d'autres (pour se persuader eux-mêmes) sur la façon selon laquelle ils doivent être traités et sur ce qui devrait leur être accordé. J'inclus ainsi dans l'orbite du discours des droits tous les efforts entrepris pour revendiquer de nouveaux droits, pour résister à l'action d'Etat officielle qui méconnaît de tels droits et pour la faire changer, ainsi que pour construire des communautés séparées de l'Etat qui nourrissent de nouvelles conceptions des droits. Les droits englobent alors également les revendications qui n'aboutissent pas ou qui ont échoué par le passé, dans la mesure où elles continuent à représenter des prétentions qui rassemblent les espoirs de gens et expriment leurs tentatives de persuasion.

La conscience ou la connaissance des droits n'est pas alors simplement la reconnaissance des droits qui ont été accordés par le passé mais aussi la connaissance du processus par lequel des blessures qui, un temps, étaient murmurées ou non entendues, sont devenues des revendications, et par lequel des revendications qui, un temps, avaient échoué, ont persuadé d'autres et transformé la vie sociale. Les liens entre les revendications du passé et celles à venir en matière de droits s'expriment au travers des interprétations des compréhensions des droits, héritées. L'interprétation engage les juristes et les non-juristes en composant de nouvelles significations à l'intérieur ou à l'extérieur des institutions juridiques. Les accusations portées contre les nouveaux droits représentent une opposition à ce processus interprétatif.

A) Les accusations portées contre les droits des enfants

Les critiques familières contre les droits sont vivement affirmées dans le contexte des droits des enfants. Il n'est peut-être personne pour nier le droit d'un enfant à la vie et, en conséquence, à être protégé contre le meurtre.[26] Les droits des enfants incluent nombre de droits dont jouissent

[26] Le traitement de l'infanticide dans les temps anciens et les débats contemporains sur l'avortement suggèrent que même ce « droit à la vie » est moins qu'évident et qu'il reste certainement un débat sur le commencement de la vie dans cette perspective. Voir Luker (K.), *Abortion and the Politics of Motherhood*, 1984 (qui rend compte des débats sur l'avortement) ; Stone (L.), *The Family, Sex and Marriage in England 1500-1800*, abridged ed. 1979 (discutant de l'acceptation traditionnelle de l'infanticide).

les adultes, tels que les droits à la liberté d'expression,[27] la protection contre les fouilles et les saisies sans mandat,[28] et la liberté de choisir de mettre un terme à une grossesse.[29] Les droits des enfants pourraient aussi inclure des droits propres aux enfants, tels qu'un droit à un enseignement de qualité, adapté aux besoins de l'individu, un droit à des soins nourriciers décents quand il est pris en charge par l'Etat ou un droit à être entendu avant son exclusion par un établissement scolaire d'Etat. Les droits des enfants peuvent prendre la forme de revendications d'indépendance et de liberté, de revendications de soins et de protection ou de revendications de rapports avec les autres.[30]

Ces temps-ci, les droits des enfants sont devenus un sujet de plaisanterie et une cible pour les critiques dénonçant les excès judiciaires. Un dessin humoristique dans un journal peut montrer un petit malin introduisant un étranger auprès de ses parents : « Maman, Papa, je vous présente mon avocat ».[31] Les plaisanteries attirent l'attention sur les absurdités et les

---

[27] *Tinker v. Des Moines Indep. Community School Dist.*, 393 U.S. 503 (1969). Mais voir *Ginsberg v. New York*, 390 U.S. 629 (1968) (approuvant la condamnation de la vente de magazines à des mineurs qui ne seraient pas considérés comme obscènes s'ils étaient vendus à des adultes.

[28] Dans l'affaire *New Jersey v. T.L.O.*, 469 U.S. 325 (1985) , la Cour a décidé que les enfants jouissent des protections du Quatorzième amendement mais que le contenu de celles-ci peut différer des protections assurées aux adultes. Comparer *In re Gault*, 387 U.S. 1 (1967) (garantissant aux jeunes le droit à être entendus, interrogés contradictoirement et à être représentés dans les procédures devant les tribunaux pour enfants) avec *Schall v. Martin*, 467 U.S. 253, 265 (1984) (refusant aux mineurs les protections contre la détention préventive parce qu'ils n'ont pas un intérêt identique à celui des adultes en matière de liberté).

[29] *Planned Parenthood of Cent. Mo. v. Danforth*, 428 U.S. 52 (1976). Mais voir *H. L. v. Matheson*, 450 U.S. 398 (1981) (les Etats peuvent exiger l'information des parents, avant qu'une mineure non émancipée, à la charge de ceux-ci, puisse obtenir un avortement.

[30] Voir Cohen (H.), *Equal Rights for Children*, 1980 ; Freeman (M.D.A.), *The Rights and Wrongs of Children*, 1983 ; Houlgate (L.), *The Child and the State: A Normative Theory of Juvenile Rights*, 1980 ; « Rodham, Children's Rights: A Legal Perspective », in Vardin (P.) et Brody (I.) (eds.), *Children's Rights: Contemporary Perspectives*, 1979, p.21 ; Aiken (W.) et La Follette (eds.), *Whose Children ? Children's Rights, Patental Authority, and State Power*, 1980. Voir, en général, Minow, « Rights for the Next Generation: A Feminist Approach to Children's Rights », in *Harvard Women's Law Journal*, Vol.9, 1986, p.1, ci-après « Rights for the Next Generation » (dans lequel j'explore les liens entre les luttes pour les droits des enfants et pour les droits des femmes) ; id., « Are Rights Right for Children », in *American Bar Foundation Research Journal* (à paraître) (compte-rendu de lecture de Mnookin (R.) (ed .), *In the Interest of Children*, 1985).

[31] Un best-seller humoristique inclut un chant pour enfants qui trahit un sens latent d'incongruité généré par l'idée de « droits des enfants » ou peut-être l'impression qu'il ne peut s'agir que de préoccupations triviales lorsqu'on parle de ces droits : « Faites la grève ! Pour les droits des enfants, faites la grève ! / Pour des week-ends, plus longs / Pour des heures de classe, plus courtes / Pour davantage d'argent de poche / Moins nombreux, les bains et les douches,/ Des épinards, jamais, / du soda, toujours / Et, chaque année, dix-sept

exagérations. Nous ne choisissons pas ces étrangetés pour nos échanges humoristiques par hasard mais parce qu'elles nous mettent mal à l'aise. Les droits des enfants passent mal auprès des adultes parce qu'ils représentent des idées nouvelles ou de vieilles idées sous de nouvelles formes et indiquent aux adultes qu'eux-mêmes et les pratiques existantes doivent changer. Peut-être, cependant, les propos humoristiques concernant les droits des enfants servent-ils de révélateurs par le biais du trivial pour les positions de pouvoir que les adultes adoptent généralement à l'égard des enfants. Trop souvent la vulnérabilité des enfants est oubliée dans une culture qui confie la responsabilité des soins à leur apporter, en premier lieu à la sphère privée de parents particuliers.[32] Ce modèle exonère tous, sauf les parents de l'enfant, de la responsabilité des soins nécessaires à l'enfant et de ses besoins et cache l'enfant au regard général. Les formes courantes de préjudices encourus par les enfants, qui sont dues à la pauvreté et à d'autres conditions sociales, devraient nous inciter à ne pas nous contenter de cet abandon public.[33] Les avocats des enfants revendiquent de façon caractérisée des droits pour les enfants en dépit des règles qui prévalent sur le pouvoir discrétionnaire des parents et de l'autorité judiciaire, essayant de vaincre le climat de complaisance générale et de produire des résultats particuliers au cas par cas.

De plus en plus, les droits des enfants déclenchent des débats chargés d'idéologie. L'affaire *Goss v. Lopez*, dans laquelle la Cour Suprême a envisagé la procédure à laquelle avaient droit les enfants, lorsqu'ils étaient menacés de sanctions disciplinaires par les responsables d'écoles, a soulevé un tel conflit.[34] La controverse idéologique dans l'affaire *Goss*

---

fois, des vacances d'été ! Grévistes, en rang ici. » (S. Silverstein, *A Light in the Attic*, 1981, p128-29.) Un article destiné à des non-juristes cite comme absurde le cas d'un jeune du Colorado, en cours d'études, qui avait poursuivi ses parents pour lui avoir infligé intentionnellement une souffrance morale, parce qu'ils l'avaient puni pour avoir fumé et vendu de la marijuana. (Mikva, « Judges and Other People's Children », in Cohen (R.), Cohler (B.) & Weissman (S.) (eds.), *Parenthood*, 1984, p.220, à p.222-23 ; voir aussi « An Interview with Marian Wright Edelman », in *Harvard Education Review*, Vol.44, 1974, p.53, à p.66-67 (critiquant la « libération » des enfants alors qu'ils devraient être soumis, au contraire, à des « protections spéciales » ; Hafen, « Children's Liberation and the New Egalitarianism : Some Reservations About Abandoning Youth to Their "Rights" », in *Brigham. Young University Law Review*, 1976, p.605 (critique à l'égard des droits des enfants).

[32] Voir « Rights for the Next Generation », *op. cit. supra* note 30, p.5-8 (où je discute des formes de risques économique et psychologique auxquels sont exposés les enfants et de l'exclusion des enfants de la sphère publique).

[33] Voir *infra* note 123 (à propos des statistiques sur les abus dont sont victimes les enfants).

[34] 419 U.S. 565 (1975). Franklin Zimring et Raymond Salomon fournissent une exploration approfondie des faits et des arguments derrière ce procès dans une étude de cas récente.

opposait des points de vue différents en matière de relations humaines. Les demandeurs exigeaient une audition en bonne et due forme avant qu'un élève puisse être exclu. Ils invoquaient l'autonomie et le droit que possédait chaque étudiant : tout élève mérite d'être entendu avant de recevoir une punition ; ainsi, tout enfant a besoin que la justice lui accorde un droit individuel qui limite les possibilités d'action des autorités scolaires. Au contraire, les défendeurs présentaient une conception de l'école comme communauté ou famille. Dans un tel cadre, les intérêts des individus sont partagés. La continuité des relations aurait à souffrir du caractère formel et distant des procédures légales – c'est-à-dire des droits. Dans son opinion dissidente dans *Goss*, qu'il a lue devant la Cour, le juge Powell a insisté sur ce point :

> « En affirmant en termes constitutionnels la nécessité de protéger les écoliers contre les mesures de disciplines mineures, injustes de la part des autorités scolaires, la Cour ignore la communauté d'intérêt entre l'Etat et les élèves dans le système des écoles publiques. En imposant le respect de la procédure en bonne et due forme (« *due process procedure* »), la Cour appréhende mal la réalité du rapport normal entre professeur et élève. Il y a une relation unique dans laquelle l'enseignant doit occuper des rôles variés – éducateur, conseiller, ami et, parfois, substitut des parents. Il est rarement adversaire par nature, si ce n'est à l'endroit de l'élève chroniquement perturbateur et insubordonné qu'il doit avoir la possibilité de sanctionner sans se trouver confronté à des formalités frustrantes. »[35]

Selon les termes de ce débat, la reconnaissance des droits semble définir et accentuer la distance entre les gens. Les droits des élèves paraissent les fixer dans des relations conflictuelles vis-à-vis de leurs professeurs et des administrateurs des écoles.

Le débat à propos des règles qui conviennent pour gouverner les relations est particulièrement intense quand il s'agit des enfants et des écoles

---

Celle-ci sert de base pour une part de mon analyse. Voir Zimring & Salomon, « *Goss v. Lopez*: The Principle of the Thing », In *The Interest of Children*, *op. cit. supra* note 30, p.450.

[35] 419 U.S., à p.593-94 (opinion dissidente du juge Powell) ; voir aussi *Parham v. J.R.*, 442 U.S.584 (1979) (présumant une relation non hostile entre enfants et parents qui cherchent à faire interner leurs enfants dans des hôpitaux psychiatriques et traitant les personnels médicaux comme capables de fournir un contrôle indépendant sur les décisions des parents.)

publiques. Les choix concernant la prochaine génération obligent la société à prendre des décisions à propos des valeurs fondamentales pour l'avenir. Les règles qui gouvernent la vie à l'intérieur de l'école sont aussi porteuses d'un message pour les élèves relativement au monde au-delà de l'école. La signification du choix des règles n'a pas été oubliée par les plaignants dans le procès *Goss*. Les avocats des enfants ont bâti leur argumentation en partie sur l'idée que « la liberté et la démocratie sont nécessaires dans les écoles pour enseigner aux jeunes la démocratie »..[36] Le juge Powell adopta une argumentation tout aussi emphatique pour le côté adverse :

> « L'éducation, si on lui donne une signification qui fasse sens, inclut le devoir d'inculquer chez chaque enfant scolarisé la compréhension de la nécessité de règles et de la nécessité d'y obéir... Quand un élève immature a une conduite blâmable, ce n'est pas lui rendre service que de ne pas lui appliquer les sanctions appropriées ou que d'avoir des procédures pour l'application de celles-ci qui soient si formalisées qu'elles invitent à défier l'autorité du professeur – une invitation que les adolescents rebelles ou tout simplement astucieux sont prompts à accepter. »[37]

Deux objections à l'affirmation et à l'octroi de droits pour les enfants sont implicites dans la position adoptée par le juge Powell. La première est que les droits, lorsqu'ils sont revendiqués et reconnus, créent des relations d'hostilité et de conflit entre enfants et adultes, alors qu'il y aurait sinon communauté et intérêts partagés. La seconde est que les enfants n'ont pas l'autonomie et la compétence que présuppose l'idée d'un droit et qu'ils doivent, par conséquent, être protégés par les adultes.[38] Les droits des

---

[36] Lettre de Eric van Loon à Denis Murphy et Ken Curtin, citée dans Zimring & Solomon, *op. cit. supra* note 34, à p.476 (lettre accompagnant le plaidoyer projeté).

[37] 419 U.S.,à 593 (opinion dissidente du juge Powell) (sans la note).

[38] Bien que les notions en matière d'éducation des enfants soient elles-mêmes profondément imprégnées des attitudes politiques dominantes dans une culture particulière à un moment donné de l'histoire, de nombreux théoriciens ont montré comment la relation entre parent et enfant exige que les parents aient autorité pour limiter la liberté personnelle des enfants. (Voir, par exemple, Kagan (J.), *The Nature of the Child*, 1984, p.257-64.) Certains théoriciens ont soutenu que l'enfant doit intérioriser un sens de l'autorité parentale et qu'une intervention extérieure entre le parent et l'enfant gênera le développement de ce sens de limites intériorisées. L'enfant finira par se sentir faible et cherchera dans les autres des boucs-émissaires. (Voir Lasch (C.), *Haven in a Heartless World*, 1977, p.174-178 (« la délégation de discipline à d'autres agences » que la famille pousse à la projection des « impulsions prohibées » sur des groupes rejetés) ; Frenkel-Brunswick, « Parents and Childhood as Seen Through the Interviews », in Adorno (T.), Frenkel-Brunswick (E.), Levinson (D.) & Sanford (R.) (eds.), *The Authoritarian Personality*, 1950, p.358, 359

enfants sapent cette relation critique entre enfants et adultes. L'approche interprétative dans l'analyse du droit fournit cependant un autre point de vue à partir duquel appréhender ces objections.[39]

B) L'interprétation des conflits et l'affirmation de la communauté

Tout d'abord, le langage juridique traduit mais ne fait pas naître le conflit.[40] Craindre que la reconnaissance judiciaire de droits des enfants

---

(« L'identification existante avec les parents s'accompagne souvent d'une identification plus essentielle avec l'humanité et la société en général. »). Un observateur juriste suggère qu' « en un sens paradoxal mais important, un enfant a un droit fondamental (« *basic* ») à être protégé contre sa liberté », précisément parce que l'apprentissage des conséquences des mauvais jugements fait partie de façon importante de l'enfance. (Hagen, « Exploring Test Cases in Child Advocacy », in *Harvard Law Review*, Vol.100, 1986, p.435, 446 (compte-rendu de lecture de Mnookin (R.) (ed.), *In the Interest of Children*, 1985). Ainsi, Hagen et d'autres ont mis en garde contre « l'abandon des enfants à leurs droits ».

[39] Bien que certains observateurs aient critiqué le recours aux droits juridiques pour introduire le contradictoire ou pour mettre l'accent sur l'autonomie plutôt que sur la coopération (voir Handler (J.), *The Conditions of Discretion, Autonomy, Community, Bureaucracy*, 1986, p.72-76, 121-58), d'autres accusent différentes formes prises par le tournant interprétatif de noyer les conflits entre les groupes (voir Soifer, « Reviewing Legal Fictions », in *Georgia Law Review*, Vol.20, 1986, p.435, à p.446 – où il critique White). Voir, en général, Abel, « Delegalization : A Critical Review of Its Ideology, Manifestations and Social Consequences », in Blankenburg (E.), Kalusa (E.) & Rottleuthner (H.) (eds.), *Alternative Rechtsformen und Alternativen zum Recht : Jahrbuch für Rechtssoziologie und Rechtstheorie*, 1980, p.27. Je suggère que le droit est un des lieux, avec le langage et les institutions, où un conflit peut être mis en scène et temporairement résolu. La traduction du conflit dans le discours juridique n'est pas sans conséquences. Certaines de ces conséquences peuvent inclure de modifier la nature et la portée du conflit tel qu'il est perçu pour répondre aux exigences de l'idiome établi. Faire entrer les revendications des femmes, par exemple, dans une structure d'égalité qui fait de la ressemblance avec les hommes un présupposé, peut modifier ou nier l'importance des différences. (Voir, par exemple, Finley, « Transcending Equality Theory : A Way Out of the Maternity and the Workplace Debate », in *Columbia Law Review*, Vol.86, 1986, p.1118. Voir, en général, Peattie (I.) & Rein (M.), *Women's Claims : A Study in Political Economy*, 1983, p.102-26 (explorant comment le système dominant a façonné les revendications du mouvement des femmes aux Etats-Unis, qui, à son tour, a fait naître de nouveaux types de revendications). Cependant, le droit lui-même peut être remodelé par les conflits qu'on lui apporte. Voir, par exemple, *California Federal Savings and Loan Association v. Guerra*, 55 U.S.L.W. 4077 (U. S. Jan. 20, 1987) (N °85-494) (interprétant l'engagement anti-discrimination du Titre VII comme compatible avec la loi californienne sur le congé d'invalidité en cas de grossesse).

[40] Comme avec tant de traductions, quelque chose peut avoir été perdu dans le processus. (Voir Steiner (G.), *After Babel: Aspects of Language and Translation*, 1975.) Utiliser un langage qui n'est pas le sien, peut introduire des limites, des déformations et même des silences. Voir Minow, « Learning To Live with the Dilemma of Difference : Bilingual and Special Education », in *Law and Contemporary Problems*, Vol. 48, 1985, p.157, à p.165-66 (à propos de l'effet d'une scolarisation exclusivement en langue anglaise sur des enfants dont la langue maternelle est autre) ; Finley, *op. cit. supra* note 39, à p.1163-65 (à propos des limites du langage juridique pour répondre aux problèmes des femmes) ; voir aussi

injecte le conflit et invite à la rébellion représente une double erreur, comme le démontre le litige *Goss v. Lopez*. Tout d'abord, le conflit existait bien avant que quelqu'un défende devant un tribunal la thèse que les élèves avaient des droits. Des élèves de la minorité avaient été exclus sans avoir été entendus après que les conflits raciaux aient éclaté dans les écoles de Columbus, Ohio.[41] L'administration scolaire avait annulé un programme d'assemblées organisé par des étudiants noirs pour la Semaine d'Histoire Noire. Peu après, des étudiants blancs avaient tiré sur deux étudiants noirs. Ces événements avaient précipité les troubles.[42] Après ce qui était arrivé, un chapitre local du N.A.A.C.P. avait rencontré parents et élèves pour discuter du racisme dans la pratique disciplinaire de l'école.[43]

Dans un tel contexte, il est difficile de croire que l'introduction de droits juridiques perturberait une communauté aux intérêts non-conflictuels, partagés entre élèves et professeurs.[44] De même, quand une mineure enceinte veut se faire avorter sans le consentement parental parce que ses parents y sont opposés pour des raisons religieuses ou philosophiques, une consultation familiale chaleureuse serait préférable mais peut être

---

MacKinnon, « Pornography, Civil Rights, and Speech, in *Harvard Civil Rights – Civil Liberties Law Review*, Vol.20, 1985, p.1, à p.14 :

> « Si vous *êtes* l'arbre qui tombe dans la forêt épistémologique, votre chute ne rend pas un son, si personne n'écoute. Les femmes ne « déclarait » pas les actes intervenus [le viol ou le fait qu'elles étaient battues] et ne le font pas la plupart du temps aujourd'hui, parce que personne n'écoute, parce que personne ne nous croit. Ce silence ne signifie pas que rien ne s'est passé et il ne signifie pas non plus le consentement. »

Le caractère formel des processus mis en oeuvre par les revendications des droits peut aussi altérer ou même empêcher certains types de communication. Voir, par exemple, Mashaw (J.), *Bureaucratic Justice*, 1983 (concernant les inconvénients et les avantages des recours collectifs au processus contradictoire dans un contexte de distribution d'avantages) ; Simon, « Rights and Redistribution in the Welfare System », in *Stanford Law Review*, Vol.38, 1986, p.1431, à p.1499-1504 (la doctrine en matière de bien-être social a été transformée par la rhétorique des droits et l'analogie avec le droit privé). La revendication de droits n'a pas cependant à prédéterminer la forme des procédures requises ; les gens peuvent utiliser le discours des droits pour développer de nouvelles procédures et de nouveaux remèdes, aussi bien que de nouvelles revendications. Voir Handler (J.), *op. cit. supra* note 39, à p.141-153 (séparant l'antagonisme du légalisme libéral et appelant à une dimension coopérative dans la reconstruction des droits) ; McKinnon, *op. cit. supra* (plaidant pour des actions en responsabilité pour faute en ce qui concerne les femmes victimes de la pornographie).

[41] Zimring & Solomon, *op. cit. supra* note 34, à p.459-72.

[42] *ibid.*, p.460-61.

[43] *ibid.*, 467-68.

[44] Les écoles de Columbus, Ohio, à l'époque de *Goss* n'étaient pas une exception quant à la situation conflictuelle. Voir, en général, Lightfoot (S.), *Worlds Apart : Relationships Between Families and Schools*, 1978 (explorant les interactions complexes et souvent conflictuelles entre parents, professeurs, enfants et administrateurs en milieu scolaire).

impraticable, étant donné les circonstances. Refuser aux mineures des droits juridiques indépendants dans une telle situation n'empêche pas le conflit.[45] L'affirmation de droits dans ces contextes n'est pas à l'origine du conflit mais elle donne plutôt à celui-ci une expression publique et fournit une méthode pour sa résolution politique.[46]

Dans d'autres contextes, les accusations selon lesquelles les droits introduisent le conflit et l'hostilité ont été soulevées par des gens qui ne veulent pas changer les modes existant de domination. De telles objections ont été soulevées contre la criminalisation du viol commis au sein d'un mariage[47] et quand des droits ont été donnés aux employés.[48]

45

> « Il est difficile, néanmoins, de conclure que donner à un parent le pouvoir absolu de faire prévaloir sa décision sur celle prise par le médecin et la patiente mineure de mettre fin à la grossessse de la patiente servira au renforcement de l'unité familiale. Il n'est pas non plus vraisemblable qu'un tel droit de veto confortera l'autorité ou le contrôle parental sur la mineure, alors que celle-ci et le parent non consentant sont si fondamentalement en conflit et que l'existence même de la grossesse a déjà fracturé la structure familiale. »

Planned Parenthood of Cent. Mo. v. Danforth, 428 U.S. 52, 75 (1976)

46 L'utilisation de la rhétorique des droits et le combat du contentieux peut faire apparaître au grand jour, un conflit secret et peut, en conséquence, sembler perturbatrice. (Voir Fitzgerald, « A Reporter at Large : A Disagreement in Baileyvillle, in *The New Yorker*, Jan. 16, 1984, à p.47.) Le procès en soi peut envenimer des disputes qui, sinon, couveraient mais il peut aussi calmer des différends qui, autrement, s'aggraveraient. Voir Trubek, « The Constitution and Deconstruction of a Disputes-Focused Approach: An Afterword », in *Law and Society Review*, Vol.15, 1980-81, p.727, à p.732-33 ; voir aussi Olsen, « The Myth of State Intervention in the Family », in *U. Mich. J. L. Ref.*, Vol.18, 1985, p.835 (explorant la présence de l'Etat même quand l'Etat n'« intervient » pas). Certains pourraient prétendre que les deux problèmes évoqués par *Goss* et *Danforth* représentent des cas extrêmes de conflit dans des lieux qui se caractérisent, en général, par l'harmonie et que la règle n'est pas posée pour le cas extrême. Comparer avec Easterbrook, « The Supreme Court 1983 Term – Foreword : The Court and the Economic System », in *Harvard Law Review*, Vol.98, 1984, p.4, à p.10-14 (invitant les juges à ne pas négliger les conséquences futures des principes qui sont posés aujourd'hui, au lieu de simplement apporter des réponses rétroactives à des situations de fait particulières). A quoi je rétorque que les règles que nous fabriquons aident à créer les exceptions et que l'important défi pour la communauté juridique est de bâtir des structures éclairées par ce que nous avons pu marginaliser dans le passé.

47 Cette opinion produisait l'exception maritale traditionnelle aux lois sur le viol, une exclusion fondée sur la défense de l'intimité conjugale et de la réconciliation. (Voir Hilf, « Marital Privacy and Spousal Rape », in *New England Law Review*, Vol.16, 1980, p.31, à p.32-34 ; Comment, « Rape and Battery Between Husband and Wife », in *Stanford Law Review*, Vol.6, 1954, p.719.) La tendance actuelle, cependant, exprime le point de vue contraire, pour lequel le viol au sein du mariage est blâmable et est une expression typique du pouvoir inégal à l'intérieur du mariage et des abus réels subis par l'épouse. (Voir *Warren v. State*, 255 Georgia 151, 336 S.E. 2d 221 (1985) (rejettant l'exception maritale au viol) ; *People v. Liberta*, 64 N.Y.2d 152, 474 N.E. 2d 567 (1984) *cert. denied*, 105 S. Ct. 2029 (1985) (considérant que l'exception maritale au viol est inconstitutionnelle) ; Note, « To

Les droits, à la fois en tant qu'effort initial pour exiger le débat public sur des modes existant de pouvoir privé et en tant que règles officielles imposant les changements au sein de ceux-ci, ne créent un conflit que parce qu'ils donnent voix et force publique à des gens auparavant ignorés. Même si une telle expression peut amplifier des conflits et attirer l'attention sur eux, elle peut aussi transformer un conflit physique en affrontements verbaux.[49]

Ensuite, l'introduction de droits dans le processus disciplinaire des écoles n'injecte pas le conflit parce que les arguments sur les droits, par essence, reconfirment la communauté. Le droit particulier finalement annoncé dans *Goss* équivaut à rien de plus qu'à l'avertissement minimal et à l'opportunité pour un élève d'avoir une conversation que tout responsable d'école intelligent ou tout parent aurait avec un enfant avant de le punir.[50] Ce droit à un entretien constitue un bon exemple de la façon dont l'affirmation de droits peut en fait affermir la communauté plutôt que l'affaiblir. En invoquant des droits, un individu ou un groupe d'individus revendique l'attention de la communauté dans son ensemble et de ses

---

Have and To Hold : The Marital Rape Exemption and the Fourteenth Amendment », in *Harvard Law Review*, Vol.99, 1986, p.1255 (incitant à une analyse en termes de discrimination sexuelle pour mettre à jour les relations de pouvoir). Pour une discussion du point de vue précédent, bannissant « l'intervention de l'Etat » dans la famille au nom de l'harmonie domestique, voir Note, « Litigation Between Husband and Wife », in *Harvard Law Review*, Vol.79, 1966, p.1650.

[48] Voir Weiler, « Striking a New Balance: Freedom of Contract and the Prospects for Union Representation », in *Harvard Law Review*, Vol.98, 1984, p.351, à p.357-63 (sur les obstacles conceptuels et institutionnels à la mise en oeuvre des droits des employés).

[49] Mais voir MacKinnon (C.), *Sexual Harassment of Working Women*, 1979, p.3-4 (à propos des limites du langage juridique pour exprimer les expériences vécues par les femmes). Le langage et les structures juridiques peuvent rendre certains points de vue plus difficiles à exprimer, voire même les faire disparaître.

O'Donovan écrit dans « Family Law and Legal Theory », in Twining (W.) (ed.), *Legal Thought and Common Law*, 1986, p.184, à p.191 (citation omise) :

> « Dans l'opéra juridique rituel seuls certains chants peuvent être entonnés ; seules certaines personnes peuvent chanter. Des personnages moins puissants peuvent ne pas être autorisés sur scène. Ceci concerne la formulation des idées, leur présentation dans le discours et leur légitimité en droit... Le droit est un mécanisme puissant de reconnaissance et de dissimulation des désirs et des perspectives de ceux dont il gouverne les vies. »

[50] 419 U.S., à p.594-96 (opinion dissidente du juge Powell). Certains responsables d'écoles suggèrent que *Goss* ouvre des opportunités éducatives en fait en donnant un cadre aux discussions sur la discipline et la justice. Pour d'autres, les procédures introduites par *Goss* à l'intérieur de l'école facilitent le règlement de problèmes qui pourraient sinon atterrir devant les tribunaux. (School Superintendents' Seminar, Harvard Graduate School of Education (June 17, 1986.)

autorités. Dans le même temps, cette revendication marque que celui qui la formule est membre du groupe, qu'il participe à ses traditions et qu'il en observe les formes.[51] Même si le langage des droits, en apparence, parle peu de communauté ou de convention, ceux qui exercent des droits signalent et renforcent leur lien avec une communauté. Ceux qui revendiquent des droits, acceptent implicitement de se soumettre à la réponse de la communauté et d'accorder la même attention aux revendications des autres.[52] En un sens plus profond, ceux qui réclament des droits s'investissent implicitement dans une communauté plus large,

---

51

> « Le droit établit les rôles, les relations et les voix, les positions à partir desquelles et les auditoires auxquels on peut parler et il nous donne, en tant qu'orateurs, les matériaux et les méthodes du discours... C'est ce discours, fonctionnant dans le contexte social de sa propre création, ce langage dans le sens le plus plein du terme, qui *est* le droit. Il nous fait membres d'un monde commun. » (White (J.B.), *op. cit. supra* note 2, à p.266.)

Voir aussi Ball (M.), *op. cit. supra* note 21, à p.122 (« J'ai proposé le droit comme intermédiaire – le droit comme instrument de liaison plutôt que de déliaison, enrichissant le flot du dialogue, renfermant la dynamique de la vie en commun. ») ; Dworkin (R.), *op. cit. supra* note 22, à p.63 (citant Wittgenstein pour la notion selon laquelle les participants à une pratique sociale doivent partager une forme de vie pour reconnaître sens et finalité à ce qu'un autre dit ou fait) ; Pitkin, « Justice on Relating Private and Public », in *Political Theory*, Vol.9, 1981, p.327, à p.347 (citant Tussman (T.), *Obligation and the Body Politic*, 1960, p.78-81, 108, 116-17) :

> « Attiré dans la vie publique par le besoin, l'ambition ou l'intérêt personnel, nous y sommes contraints à reconnaître le pouvoir des autres et à faire appel à leurs standards... Nous sommes forcés de trouver ou de créer un langage commun de buts et d'aspirations, pas seulement pour habiller notre perspective privée en déguisement pulic mais pour prendre conscience de sa signification publique. Il nous faut, comme Joseph Tussman l'a dit, transformer un « Je veux » en « J'ai droit à », une revendication qui devient négociable selon les standards publics. »

52 Barbara Harrison a formulé ainsi ce point de vue essentiellement kantien :

> « Si l'un de nous est prêt à invoquer quelque chose comme un droit humain, moral, en notre nom, cet acte implique en lui-même l'existence d'un droit pour chacun des autres membres de notre espèce. »

(Harrison (B.), *Making the Connexions: Essays in Feminist Social Ethics*, 1985, p.168.)
Voir ausssi Michelman, « The Supreme Court 1985 Term – Foreword : Traces of Self-Governement », in *Harvard Law Review*, Vol.100, 1986, p.4, à p.43 (ci-après « Traces of Self-Government ») : C'est son caractère juridique qui marque le résultat du débat [de la communauté] à la fois comme produit de la raison et comme l'expression de l'universalité concrète des citoyens, leur reconnaisance réciproque qu'ils sont mêmes tout en étant différents (« *sameness-within-difference* ») ; Michelman, « Justification (and Justifiability) of Law in a Contradictory World », in *NOMOS*, Vol.28, 1986, p.71, à p.92 (« un droit, quelque soit la profondeur de l'ancrage de la revendication dans le respect dû à la persone distincte est, également fondamentalement, une revendication fondée dans l'association humaine »). Cet engagement par rapport à une égalité de base constitue l'appel puissant de la rhétorique des droits, même si la réponse à chaque revendication doit être comprise comme temporaire. Tout jugement peut alors poser un précédent pour le cas suivant mais là encore, il se peut que non.

même s'ils agissent en vue de la changer.[53] Exprimer une revendication dans la forme prévue par ceux qui ont le pouvoir dans la communauté, exprime une volonté de prendre part à la communauté et une décision tactique de jouer selon les règles du seul jeu reconnu par ceux qui sont en charge du pouvoir.[54]

---

[53] La justification de Martin Luther King pour une « action directe » comme moyen d'affirmer les droits des noirs mélangeait les notions de lien commun avec les demandes pour un changement :

> « Tout comme Socrate jugeait nécessaire de créer une tension mentale de sorte que les individus puissent sortir de l'esclavage des mythes et des demi-vérités pour atteindre le royaume sans entraves de l'analyse féconde et de la saisie objective, ainsi devons-nous voir le besoin de casse-pieds non violents pour créer l'espèce de tension dans la société qui aidera les hommes à sortir des sombres profondeurs du préjugé et du racisme pour atteindre les hauteurs majestueuses de la compréhension et de la fraternité. Le but de notre programme d'action directe est de créer une situation si critique qu'elle ouvre inévitablement la porte à la négociation... Notre Sud bien-aimé s'est trop longtemps embourbé dans une tentative tragique de vie dans le monologue plutôt que le dialogue. »
> King, Letter from a Birmingham Jail (Apr. 1963, repr. in Williams (J.), *Eyes on the Prize : America's Civil Rights Years, 1954-1965*, 1987, à p.187. De telles entreprises (« *efforts* ») de désobéissance civile expriment un engagement en faveur des aspirations auxquelles croit une communauté, engagement inhérent dans le terme « entreprise » (« *effort* »). King, dans sa lettre à huit membres du clergé d'Alabama qui incitaient la commmunauté noire à une défense vigoureuse des droits devant les tribunaux mais pas dans les rues, continue : « Je suggère qu'un individu qui viole une loi dont sa conscience lui dit qu'elle est injuste et qui accepte volontairement la peine de prison attachée à cette violation pour soulever la conscience de la communauté contre cette injustice, exprime en réalité le plus haut respect pour le droit » (*ibid.*)

Ma notion de l'interprétation inclut la désobéissance civile et englobe aussi les activités de ceux qui adoptent la structure interprétative de la « communauté » comme faisant partie d'un effort tactique pour être entendu et comme signe du partage d'un héritage et d'un partage de vie.

L. Carter, dans son ouvrage *Contemporary Constitutional Lawmaking : The Supreme Court and the Art of Politics*, 1985, écrit (p.15) :

> « Les communautés *sont* les réseaux de gens qui croient que leurs communications passées avaient une signification et qui espèrent que leurs communications à venir auront aussi une signification. Il *n*'est *pas* nécessaire que les membres d'une communauté partagent quant au fond leurs croyances. De bons amis qui sont en désaccord profond sur des idéologies, des propositions scientifiques et des questions de goût restent de bons amis tant qu'ils continuent à utiliser la même structure de communication. »

[54] Une telle revendication représente une affirmation tout spécialement puissante quand elle est formulée par ceux qui savent qu'ils ont été exclus dans la conception des procédures même d'auto-gouvernement. Ainsi, les sous-groupes vivant dans une culture essentiellement ou en partie étrangère sont-ils confrontés à un dilemme difficile lorsqu'ils décident de soumettre ou non leurs conflits aux tribunaux de la communauté plus large. Cf. Auerbach (J.), *Justice Without Law ?*, 1983, p.69-94 (débatant de la résistance, au sein des

La structure de procédure régulière dont se recommande *Goss* expose comment les droits individuels dépendent de l'ordre de la communauté établie et comment ces droits forgent des connexions entre les individus en exigeant des gens qu'ils se répondent.[55] Un étudiant peut-il persuader le proviseur adjoint de ne pas le soumettre à une exclusion ? Peut-être que non. Pour un étudiant, « avoir le droit » d'essayer dépend de la volonté du proviseur adjoint de prendre ce droit au sérieux. De même, la règle de *Goss* annonçant qu'un droit dépendait de la volonté des juges de s'engager dans une conversation sérieuse au sujet des besoins des étudiants et même de la volonté d'inclure les étudiants comme membres de la communauté, créait du lien au travers des droits.[56]

Le droit à la procédure légale régulière dans l'affaire *Goss* est spécial du fait de son appel spécifique à la communication et de sa demande particulière d'attention envers la dignité de l'élève. Ainsi, tant dans son affirmation initiale que dans sa forme ultime, le droit à être entendu avant d'être exclu de l'école engage l'élève et les administrateurs de l'établissement, dans un processus de discussion qui peut construire une communauté de respect. Même en dehors du droit particulier accordé par la Cour Suprême dans *Goss*, la revendication de n'importe quel droit initie une forme de dialogue en commun. En prétendant avoir un droit, une personne s'assure l'attention de la communauté par l'intermédiaire des procédures que celle-ci a prévues pour entendre de telles revendications.[57] L'autorité juridique répond et bien que cette réponse soit

---

communautés immigrées, à soumettre leurs conflits à des tribunaux gouvernementaux et de leur conservation de leurs tribunaux religieux ou ethniques).

[55] Certaines revendications de droits peuvent déboucher sur une réglementation selon laquelle certaines personnes n'ont pas à interférer avec d'autres. Des revendications en matière de vie privée qui réussissent et des injonctions de ne pas dans des cas d'abus domestiques, en particulier, ont cet effet. Cependant même ces réglements sont le résultat d'une discussion encadrée institutionnellement, forçant des gens à reconnaître les limites de chacun.

[56] Voir O'Neill, « The Public Use of Reason », in *Political Theory*, Vol.14, 1986, p.523, à p.527, 548 (la tolérance comme nécessaire à « une pluralité d'êtres qui ont la faculté de raisonner ») ; Tribe, « Structural Due Process », in *Civil Rights - Civil Liberties Law Review*, Vol.10, 1975, p.269, à p.305-06 (l'engagement dans un dialogue réel, au coeur de la légitimité, inclut l'accord pour éviter de donner une place privilégiée à certaines vues par rapport à d'autres).

[57]

> « Vous pourriez comprendre qu'une personne qui discute avec vous, vous donne son temps dans un effort conjoint pour une compréhension commune. Ainsi, un argument est une forme de coopération. L'argument pourrait être pensé sur le mode théatral, comme les pas d'une danse, par exemple. Les participants prendraient alors part à une entreprise conjointe dont le but est un spectacle qui marche... L'action devient dialogue plutôt

temporaire et d'une portée limitée, elle est l'occasion de la revendication suivante. Les droits juridiques devraient en conséquence être compris sous l'angle du langage d'un processus continu plutôt que sous celui de règles fixes. Le discours des droits atteint des points de haltes temporaires, à partir desquels de nouvelles prétentions peuvent surgir.

Les droits en ce sens ne sont pas des « atouts » mais le langage que nous utilisons pour essayer de persuader les autres de nous laisser remporter ce round.[58] Quand des avocats d'enfants demandent à une cour de reconnaître les droits de l'enfant à une vie privée, à la procédure légale régulière ou à d'autres protections, ils cherchent des affirmations judiciaires qui vont formuler de nouvelles frontières et des liens nouveaux entre enfants et adultes.[59] Ils cherchent l'occasion d'utiliser ces formulations juridiques pour négocier de nouvelles relations entre enfants et adultes dans les arrangements de la vie de tous les jours.[60] Ici les droits

---

que contradiction. et elle débouche sur quelque chose d'autre que la victoire d'une partie et la défaite de l'autre. Le succès d'une pièce ou d'un morceau de musique peut se mesurer, a-t-il été suggéré, « à son aptitude à réunir ». (Ball (M.), *op. cit. supra* note 21, à p.133 (citant « The Talk of the Town », in *The New Yorker*, March 15, 1982, à p.33.)

[58] Cependant voir Dworkin, « Rights as Trumps », in *Theories of Rights*, *op. cit. supra* note 25, à p.153. Bien que des droits particuliers par leur contenu même puissent traduire un pouvoir de prendre l'avantage décisif, leurs origines comme leur viabilité pour l'avenir dépendent d'un processus de communication partagé et continuel. Aucun droit n'est auto-applicable. L'application reste contingente par rapport à la volonté des responsables de la communauté de signifier leur sens par la force ou la menace du recours à la force. Voir II. *infra* (répondant à la discussion sur la violence et le pouvoir). Que les droits soient « déterminés », que leur contenu établi détermine leur signification spécifique dans des contextes particuliers indépendamment des choix d'application faits par tel ou tel agent, a fait l'objet d'une controverse considérable. Comparer Kelman, « Trashing », in *Stanford Law Review*, Vol.36, 1984, p.293 (suggérant l'indétermination des droits et des catégories de la doctrine juridique) avec Boyle, « The Politics of Reason : Critical Legal Theory and Local Social Thought », in *University of Pennsylvania Law Review*, Vol.133, 1985, p.685 (plaidant pour la résolution des controverses en se référant à une analyse localement située) et Fiss, « Objectivity and Interpretation », in *Stanford Law Review*, Vol.34, 1982, p.732 (qui conteste la thèse de l'indétermination). Je crois qu'il est possible d'éviter ce conflit en concevant les droits comme faisant partie du langage juridique et servant à exprimer des revendications qui, pour leur signification, dépendent de choix particuliers, dans des contextes spécifiques. Voir note 14 *supra*. Les significations sont créées non seulement par les jugements discrétionnaires des agents concernés mais aussi par les conceptions des parties et les pressions venant plus largement de la communauté politique. C'est ce que j'appelle l' « approche interprétative ».

[59] En ce sens, les droits sont comme des engagements qui lient ceux qui les prennent. « [L]es droits sont au droit ce que les engagements conscients sont à la conscience (« psyche ») » (Williams, « Alchemical Notes : Reconstructing Ideals for Deconstructed Rights », in *Harvard Civil Rights - Civil Liberties Law Review*, Vol.22, 1987, p.401, à p.424.

[60] Cette notion de processus continuel de fixation et de refixation des limites à travers un débat en commun sur les revendications de droits ressemble à la conception de la

fournissent un langage qui dépend des interconnexions humaines au moment même où des individus demandent à d'autres de reconnaître leurs intérêts propres. Donner aux enfants le droit de témoigner devant un tribunal dans le cas d'une suspicion d'abus sexuel ou même des droits à un témoignage vidéographié, hors la présence du défendeur fait pencher la balance du pouvoir en faveur de l'enfant, temporairement, en évitant la confrontation déstabilisante avec l'adulte.

En adoptant cette approche interprétative des droits, j'entends reconnaître à la fois le bagage attractif et le bagage inattractif du discours des droits. L'association historique du discours des droits dans notre culture avec les notions d'égalité, de liberté et de respect des individus est attractive. Cependant, je me propose de contester et de rejeter une association historique du discours des droits différente : sa nuance de positivisme juridique ou d'objectivité, qui implique une base d'autorité ou un fondement au-delà des choix humains ordinaires. Dans la mesure où un ensemble donné de droits incorpore les résultats des combats antérieurs, il exprime un engagement substantiel particulier. Le mouvement des droits civiques, par exemple, a créé un héritage de sens pour le Quatorzième amendement, reflétant l'engagement des activistes des droits civiques et des officiels persuadés par eux d'incorporer des éléments du mouvement dans le système juridique formel. L'invocation de ces engagements et cette histoire peuvent ajouter à la force persuasive générée dans le discours des droits même quand ce discours ne dépend de rien d'autre que des choix humains actuels et à venir.

Ainsi, la revendication de droits a une résonance spéciale dans notre culture mais ils sont encore vulnérables au refus. La rhétorique des droits attire ceux qui l'utilise à l'intérieur de la communauté et incite la communauté à être attentive aux réclamants individuels mais elle souligne le pouvoir de l'ordre établi de répondre ou non aux revendications des individus. De plus, la rhétorique des droits demeure disponible pour la demande d'attention et la participation d'un autre individu ou groupe encore, ce qui peut compliquer et même mettre en danger les revendications déjà exprimées, en invitant à une réponse différente de la communauté.

---

redéfinition continue des limites de soi, une conception profondément présente dans les travaux de certains psychologues. Voir Kegan (R.), *The Evolving Self*, 1982 ; Benjamin, « The Oedipal Riddle: Authority, Autonomy, and the New Narcissism », in Diggins (J.) & Kann (M.) (eds.), *Authority in America*, 1981, p.195 ; Benjamin, « The Bonds of Love, Rational Violence and Erotic Domination », in Eisenstein (H.) & Jardine (A.) (eds.), *The Future of Difference*, 1980, p.41, 47-51 (citant Hegel (G.), *Phenomenology of the Spirit*, trad. A. Miller, 1977) (sur les relations maître-esclave).

Cette forme de discours fait entrer tout réclamant dans la communauté et attribue à chacun une égalité de base, même si elle est minimale, de participation dans le processus de débat général. James Boyd White exprime ceci ainsi : « Le cas (en droit) établit une égalité essentielle entre les gens... et il procède selon une méthode d'argumentation et de conversation qui reconnaît à la fois les vues propres de l'individu sur la situation et complique cette vision en le forçant à reconnaître les revendications d'un autre.[61] Le discours des droits enregistre l'engagement à une égalité de base entre les participants en tant que participants, même quand ceux-ci sont des enfants. Il est important, cependant, de distinguer les manières selon lesquelles cette forme d'égalité de base crée une espèce de communauté, des façons selon lesquelles l'inégalité de pouvoir et de statut peuvent très bien continuer à exister à l'intérieur de la communauté et les enfants fournissent des exemples importants de l'une et de l'autre.

Assez récemment, les enfants sont devenus des sujets au lieu d'être des objets, dans la communauté rassemblée par le discours des droits et leur participation marque une égalité procédurale : un droit égal à être entendu. L'émergence graduelle de l'idée que les enfants peuvent, en fait, avoir des droits, indique un éloignement de la conception plus ancienne selon laquelle les adultes ont des droits sur les enfants, comme si les enfants étaient un bien qu'on s'approprie.[62] Dans *Smith v. Organization of Foster Families for Equality and Reform*, où étaient contestées des décisions d'Etat [fédéré] de retirer des enfants placés de leurs familles de placement, l'avocat des parents d'accueil avait élaboré une plainte bâtie sur la vieille conception.[63] La plainte cherchait à établir que les droits des parents d'accueil sur l'enfant confié à leurs soins suffisaient pour déclencher une audition en procédure légale régulière avant que l'Etat ne puisse déplacer l'enfant vers un autre accueil.[64] L'avocat des plaignants prétendait représenter à la fois les parents d'accueil et les enfants accueillis, unis par leur intérêt commun à maintenir une relation.

---

[61] White (J. B.), *op. cit. supra* note 2, à p.274. Pour une discussion sur le modèle que peut et doit fournir la conversation entre les juges au sein d'une juridiction collégiale pour la conversation d'autogouvernement au sein de la communauté plus large, voir « Traces of Self-Governement », *op. cit. supra* note 52, à p.34-36, 72-77.

[62] Pour un compte-rendu fascinant de la transformation de la valeur sociale des enfants de producteurs économiques à objets d'affection, voir Zelizer (V.), *Pricing the Priceless Child : The Changing Social Value of Children*, 1985.

[63] 431 U.S. 816 (1977).

[64] Voir Chambers & Wald ; « Smith v. OFFER », in *In the Interest of Children, op. cit. supra* note 30, à p.81.

La cour de district, cependant, a soutenu l'existence d'un conflit d'intérêts potentiel entre les enfants et les parents d'accueil, qui exigeait une représentation séparée des enfants. En outre, la cour de district a traité les enfants comme des personnes séparées, avec des intérêts distincts, qui doivent être énoncés dans la conversation juridique. Sur cette base, la cour a nommé un avocat différent pour parler au nom des enfants accueillis.[65] Bien que le cas n'ait finalement produit aucune réponse à la question constitutionnelle des droits à une procédure légale régulière dans le contexte des soins d'accueil, le fait que la cour de district et le Cour Suprême saisie d'une demande de contrôle, aient pris en considération les revendications de l'avocat des enfants suggère que le judiciaire reconnaît les enfants comme personnes distinctes, méritant une prise en considération indépendante.[66] De plus, le juge à la Cour Suprême Stewart, auquel se sont joints le Président de la Cour Suprême, Burger et le juge Rehnquist, a rédigé une opinion concurrente pour insister sur le fait que le droit d'Etat rejetait l'idée que la garde à long terme de l'enfant crée une sorte de « droit des squatters », comme si les enfants étaient objet de propriété.[67]

Ici, la revendication même de droits par les parents d'accueil impliquait les enfants dans un processus commun, qui leur donnait le rôle de participants et leur conférait l'égalité de considération de base accordée par les institutions juridiques aux membres de la communauté. Cette égalité de base ne doit pas être confondue, cependant, avec l'égalité culturelle, économique, sociale et politique, pleine et entière. Les revendications des droits ni ne confèrent l'égalité, ni ne font de la communauté, une communauté d'égaux parfaits, même si les interprétivistes, à l'instar de White, s'expriment parfois comme si le discours commun produisait une communauté d'égaux. Nous savons que nos communautés ne sont pas ainsi. L'affirmation d'appartenance

[65] L'avocat désigné se trouvait être une juriste asssociée de longue date à plusieurs agences de soins nourriciers, privées, essentiellement liées à l'Etat dans leur opposition commune aux droits à la procédure légale régulière en matière de parents nourriciers (*ibid.*, p.91-95. Bien que l'avocate des enfants se soit opposée aux droits à la procédure légale régulière, elle a fait valoir qu'aucun adulte n'avait un « droit » à un enfant et que les parents d'accueil ne pouvaient pas bénéficier des « droits des squatters » sur un enfant, simplement parce qu'ils s'occupaient des enfants des autres (*ibid.*, p.96-97).

[66] La Cour Suprême n'a pas toujours reconnu la personnalité distincte de l'enfant. Voir *Schall v. Martin*, 467 U.S. 253 (1984) (la Cour autorisait la détention préventive pour les jeunes qui, à la différence des adultes, ne jouissaient pas de la liberté) ; *Parham v. J.R.*, 442 U.S. 584 (1979), à p.602 (présupposant que les parents agissent pour le mieux de leurs enfants, la Cour a rejeté la revendication des protections de la procédure légale régulière, contradictoire, en faveur de l'enfant, avant un placement civil recherché par les parents.

[67] 431 U.S., à p.857 (citant *Bennett v. Jeffreys*, 40 N.Y. 2d 543, 552 n°2, 356 N. E. 2d 277, 285 a 2 (1976) (opinion concurrente du juge Stewart).

accomplit quelque chose d'important, mais elle ne vient pas perturber ni remettre en cause les arrangements inégalitaires des pouvoirs économique et politique. Il n'y a, bien sûr, rien de nouveau, ni pour ceux qui ont du pouvoir, ni pour ceux qui n'en ont pas à dire que ceux qui ont du pouvoir en ont.[68]

Les enfants, en particulier, ont en général moins de pouvoir que les autres économiquement et politiquement et ils sont certainement différents et plus vulnérables, physiquement, émotionellement et mentalement. Le contenu même de la revendication de droits des enfants, invoque la protection contre les autres, compte-tenu de ces inégalités. Les droits peuvent impliquer un traitement différent et non le même traitement, précisément en reconnaissance de différences entre individus et groupes.[69]

Quelle est alors l'égalité pour laquelle le discours des droits fait signe ? L'égalité que marquent les revendications des droits est une égalité d'attention. La tradition des droits dans ce pays soutient la demande qui oblige ceux qui ont le pouvoir au moins à écouter. Les droits – comme paroles et comme formes – structurent l'attention même en faveur de celui qui est moins puissant que les autorités, ainsi qu'en faveur des individus et des groupes traités au sein de la communauté tout entière comme moins qu'égaux.[70]

---

[68] Comme Carol Gilligan l'a noté : « Si vous avez du pouvoir, vous pouvez choisir de ne pas écouter. Et vous le faites impunément ». (Marcus, Spiegelman, DuBois, Dunlap, Gilligan, MacKinnon & Menkel-Meadow, « The 1984 James McCormick Mitchell Lecture : Feminist Discourse, Moral Values, and the Law – A Conversation », in *Buffalo Law Review*, Vol.34, 1985, p.11, à p.62.

[69] Un problème persistant avec la rhétorique des droits est traditionnellement qu'elle implique quelque « ressemblance » essentielle à la fois comme précondition et comme conséquence de l'égalité de base. Un autre problème est l'apparente qualité tout ou rien des droits à l'opposé de notions plus flexibles et fluides. Voir *op. cit. supra* note 39. Ces deux traits du discours des droits traditionnels ne sont pas immuables, cependant, et les droits peuvent être allégués précisément pour la reconnaissance d'une différence. Voir Krieger & Cooney, « The Miller-Wohl Controversy : Equal Treatment, Positive Action and the Meaning of Women's Equality », in *Golden Gate University Law Review*, Vol.13, 1983, p.513, à p.564 (incitant les plaideuses féministes à adopter « un modèle d'égalité sexuelle... qui puisse assurer l'égalité dans le contexte des différences sexuelles inhérentes » ; « Traces of Self-Government », *op. cit. supra* note 52, à p.43 (le droit devrait reconnaître « la ressemblance au sein de la différence » [« *sameness-within-difference* »] des citoyens ») ; et à propos de la recherche d'une solution changeante et flexible, voir Chayes, « The Role of the Judge in Public Law Litigation », in *Harvard Law Review*, Vol.89, 1976, p.1281, à p.1300-01 (le besoin d'un « régime de remède progressif » dans les litiges de droit public où les présupposés de la communauté sont contestés).

[70] Il reste ici des présupposés non explicites comme dans de si nombreuses revendications d'égalité : par exemple, égal par rapport à qui ? Le standard de comparaison présumé du citoyen adulte, blanc, mâle, capable n'est pas formulé. Les efforts faits pour faire connaître le standard informulé sont tout spécialement importants quand il y a coïncidence entre

L'approche interprétative entend une revendication de droit, présentée devant un juge, comme un plaidoyer pour la reconnaissance d'appartenance à une communauté partagée par le demandeur et le juge, tout comme le lecteur et l'auteur partagent le monde du texte.[71] Le langage des droits exprime un désir de l'individu d'être reconnu dans des modulations qui exigent la reconnaissance.[72] Le discours des droits implique ceux qui l'utilisent dans une forme de vie, un mode d'engagement social et politique.[73]

Quelles sont les revendications qui seront persuasives et comment le seront-elles ? Avec quelles conséquences pour les prétentions antérieures et subséquentes ? Quelles revendications seront reconnues en réalité comme méritant au moins l'attention commune ?[74] Ce sont là des questions difficiles et persistantes dans une communauté qui s'est engagée en faveur du discours des droits. Le risque existe que les points de vue, qui ont été réduits au silence dans le passé, continuent à ne pas être entendus et qu'ils soient inadaptables au vocabulaire des revendications préexistantes. Ce sont des problèmes qui peuvent donner lieu à des conflits et certaines de ces luttes peuvent très bien prendre place en dehors du discours des droits, en dehors du langage. Des gens peuvent se sentir si exclus que l'appel à un engagement commun envers les droits n'ait pas de sens pour eux. Néanmoins une conception interprétative des droits est une manière de prendre au sérieux le langage qui exprime ce à quoi une société aspire et de promouvoir le changement en s'appuyant sur l'héritage de traditions.[75] C'est une façon de défier ceux qui veulent

---

connaissance et pouvoir : là où le point de vue respecté n'est pas mentionné parce que l'orateur va de même ne pas avoir conscience d'autres points de vue simplement du fait que les structures de privilège et de pouvoir donnent à son point de vue l'apparence de la vérité. Voir « When Difference Has Its Home », *op. cit. supra* note 15, à p.179 (où je traite des tentatives féministes pour montrer que la connaissance et l'identité se forgent dans les relations sociales »).

[71] Mais le juge va-t-il briser leur monde partagé par une directive commandant et légitimant une fin violente ? C'est la question posée en II *infra*.

[72] Ceci ne signifie pas qu'il n'y a pas de différences importantes entre le discours des droits et les autres types de conversation. Voir *infra* note 190 (à propos des conversations forcées entre plaideurs devant un tribunal).

[73] Voir Wittgenstein (L.), Investigations philosophiques (*Philosophical Investigations*, Anscombe (G.) 3rd ed., 1958, 46c-92c), explorant la relation entre les jeux de langage et les formes de vie.

[74] Ces questions peuvent être incluses dans ce que Cover considérait comme des problèmes de juridiction. Voir *infra* notes 201-02.

[75] Les jeunes en particulier peuvent prendre au sérieux la rhéorique d'aspiration des adultes, même dans les moments de rébellion politique, apparente. Voir Keniston (K.), *Young Radicals : Notes on Committed Youth*, 1968, p.127 (l'espoir naïf de jeunes radicaux que le

fermer les portes maintenant que certains des exclus antérieurs ont combattu et ont trouvé une place à l'intérieur.[76]

Les métaphores de l'interprétation et de la conversation permettent une conception des liens de communauté forgés à travers l'échange de mots dans le combat pour le sens.[77] Dans un roman fort sur l'Afrique du Sud contemporaine, la Rosa Burger de Nadine Gordimer répond à un critique du libéralisme en disant :

> « Je n'offre pas de théorie. Je parle au sujet de gens qui ont besoin d'avoir des droits – *là* – dans un registre de lois, de telle sorte qu'ils puissent se déplacer dans leur propre pays, décider quel sera leur métier et ce que leurs enfants apprendront à l'école... Les gens doivent pouvoir créer des institutions – les institutions *doivent évoluer* pour rendre

---

système politique fonctionne correctement produit de la frustration quand il ne le fait pas) ; Keniston (K.), *Youth and Dissent : The Rise of New Opposition*, 1971, p.214 :

> « Avec ces jeunes gens et jeunes filles, étudiés en 1967, ce qui était impressionnant, ce n'était pas leur rébellion contre leurs parents ou contre la société américaine mais leur loyauté envers les deux – leur acceptation, fondée sur des principes, des valeurs essentielles de leurs familles, qui, dans la plupart des cas, étaient humanistes, intellectuelles, libérales, démocratiques et très américaines. Comparée à ces valeurs traditionnelles, notre société réelle semblait à ces jeunes radicaux (comme à moi) largement défaillante. .»

[76] Audre Lorde a soulevé éloquemment le problème que « The Master's Tools Will Never Dismantle the Master's House » (les outils du maître ne vont jamais démanteler la maison du maître), in *Sister Outsider*, 1984, p.110. Elle écrit : « Qu'est-ce que cela signifie quand les outils d'un patriarcat raciste sont utilisés pour juger les produits de ce patriarcat ? Cela signifie que seuls les périmètres de changement les plus étroits sont possibles et acceptables » (*ibid.*, p.110-11). Il est certain que le discours juridique est un cas paradigmatique. Cependant, tout comme la prose d'Audre Lorde a transformé le langage et les idées hérités et a déclaré la différence comme « ce rapport puissant et brut à partir duquel notre pouvoir personnel est forgé » (*ibid.*, p.112), une proclamation empathique des différences à travers le langage des droits peut aider à transformer les structures juridiques et sociales existantes. Pour prolonger la métaphore de la Maison du Maître, les outils peuvent être utilisés pour des rénovations qui rendront la maison méconnaissable pour ceux qui en étaient les propriétaires et plus hospitalière aux autres.

[77] Voir *supra* note 20 (citant White). Mais la version de White est plus confortable et peut-être plus édulcorée (« *sanitized* ») que la mienne. De mon point de vue, si les conversations n'ont pas lieu entre égaux, qui ont des chances égales de contribuer à ce qui est dit et à ce qui est signifié, ainsi que de l'influencer, les conversations peuvent renforcer, au lieu de corriger, les modèles de domination. Quand la « conversation » se situe au sein des institutions juridiques et que ses conséquences peuvent se déployer dans le domaine juridique et impliquer potentiellement l'usage de la force physique, les modes de domination en viennent à être marqués du sceau de la force étatique.

cela possible en pratique. Cette utopie, elle est à l'intérieur... sans elle, comment pouvez-vous... agir ? »[78]

L'usage du discours des droits affermit la communauté, mais il affermit un type particulier de communauté : une communauté décidée à donner aux mots le pouvoir de restreindre de façon à ce que même les sans pouvoir puissent recourir à ces mots. C'est une communauté qui reconnaît et admet les utilisations historiques du pouvoir d'exclure, de nier et de réduire au silence – et qui s'engage à permettre de se faire entendre aux points de vue qui ont été étouffés, à permettre aux conflits latents de s'établir au grand jour.[79] Engagée à permettre une rhétorique des droits là où elle n'a pas été entendue auparavant, cette communauté fait usage de la rhétorique des droits pour rendre audibles et inévitables les conflits, même s'ils se limitent aux paroles ou à des formes verbales d'expression.[80] Si un conflit est ressenti du fait de l'introduction de la rhétorique des droits dans un domaine nouveau, il porte sur ce problème : l'engagement normatif de limiter le pouvoir d'un commun accord doit-il englober ce nouveau domaine ? Le pouvoir en question peut être public ou privé. Par exemple, concernant les droits des enfants, des désaccords étendus persistent à propos de si et comment des limites communes doivent restreindre l'exercice privé du pouvoir, en particulier parental.[81]

---

[78] Gordimer (N.), *Burger's Daughter*, 1979, p.296. Le contraste entre l'Afrique du Sud et les Etats-Unis est parlant. Un visiteur d'Afrique, regardant le reportage télévisé « Eyes on the Prize », qui traitait du Mouvement Américain pour les Droits Civils des années 1950, m'a dit qu'il était tout à fait surpris de la façon dont Martin Luther King et les autres plaçaient leurs luttes sous la bannière des symboles des Etats-Unis. Que la Constitution, que la Cour Suprême représentent des idéaux qui puissent être revendiqués par les exclus semblait impensable à ce Sud-africain. Voir aussi Dugard, « The Jurisprudential Foundation of the Apartheid Legal Order, in *Phil. F.*, Vol.18, 1986-87, p.115, à p.122 (la majorité des noirs avait perdu confiance dans le droit sud-africain étant donné son rôle dans l'apartheid) ; Goldberg, « Reading the Signs : The Force of Language », in *ibid.*, p.71, à p.89-90 (le langage de la différence raciale renforce les relations historiques entre les races ; « le langage peut agir comme un frein sur la vitesse de transformation sociale »).

[79] Voir Ferguson (K.), *The Feminist Case Against Bureaucracy*, 1984, p.22-29 (à propos des discours réprimés et des possibilités de parler des valeurs et des points de vue exclus par les bureaucraties contemporaines).

[80] Pour des explorations éloquentes des processus de traduction et de distorsion lorsque les personnes présentent leurs revendications au système juridique – et pour des descriptions de succès et d'échecs en résultant, voir Harris (R.), *Freedom Spent*, 1976 ; Kruger (R.), *Simple Justice*, 1976 ; Noonan (J.), *Persons and Masks of the Law*, 1976.

[81] Depuis *Goss v. Lopez*, 419 U.S.565 (1975), la Cour Suprême a eu tendance à conclure que les écoles publiques exercent un pouvoir officiel plutôt qu'un pouvoir parental et qu'en conséquence, elles doivent être soumises aux restrictions juridiques. voir *New Jersey v. T.L.0.*, 105 S. Ct. 733, 741 (1985) (« Si les responsables d'une école sont des acteurs d'Etat au regard des garanties constitutionnelles de la liberté d'expression et de la procédure légale régulière, il est difficile de comprendre pourquoi ils devraient être supposés exercer l'autorité parentale plutôt que l'autorité publique lorsqu'ils procèdent à des fouilles sur leurs élèves. ») ; *Ingraham v. Wright*, 430 U.S. 651, 662 (1977) (« Bien que les cas antérieurs

Les droits des enfants peuvent élargir le pouvoir de l'Etat à la fois sur les enfants et sur les adultes et pas simplement reconnaître l'autonomie préexistante des enfants.[82] Mais c'est de la signification de l'autonomie et de sa relation aux droits qu'il faut maintenant traiter.

C) Les droits ne présupposent pas l'autonomie

Un argument persistant contre les droits des enfants est que les enfants ne jouissent pas de l'autonomie nécessaire pour s'engager dans un échange contradictoire en vue de défendre leurs propres intérêts et pour connaître, en fait, leurs propres intérêts.[83] Ce défi aux droits des enfants place la source des droits dans les critères traditionnels, avec fondements objectifs. Un autre défi contre les droits des enfants insiste sur l'indétermination et l'absence apparente de limites aux besoins des enfants.[84] Ces objections se développent à partir d'une conception plus largement acceptée des droits, qui s'appuie sur l'idée que la personne porteuse de droits est un individu autonome, capable d'exercer un choix en vue de fins propres et apte à protéger sa liberté personnelle contre les pressions et le pouvoir des autres.[85] Cependant une communauté est

---

aient considéré l'autorité du professeur comme dérivant des parents, le concept de délégation parentale a été remplacé par le point de vue – plus conforme aux lois sur l'éducation obligatoire – que l'Etat lui-même peut imposer un châtiment corporel, si celui-ci est raisonnablement nécessaire pour l'éducation correcte de l'enfant et pour le maintien de la discipline du groupe. » [sans la note].

[82] L'étude de Michael Grossberg sur le droit familial au dix-neuvième siècle suggère que l'extension des protections accordées aux enfants et aux femmes a essentiellement produit un plus grand pouvoir judiciaire et un plus grand contrôle discrétionnaire sur les familles (Grossberg (M.), *Governing the Hearth : Law and the Family in Nineteenth-Century America*, 1985, p.287-307).

[83] Voir, par exemple, Hagen, *op. cit. supra* note 31, à p.644-56 ; Mnookin, « The Enigma of Children's Interests », in *In the Interest of Children, op. cit. supra* note 30, à p.16. Cependant voir Worsford, « A Philosophical Justification for Children's Rights », in *Harvard Education Review*, Vol.44, 1974, p.142.

[84] Voir Burt, « Pennhurst : A Parable », in *In the Interest of Children, op. cit. supra* note 30, à p.324 (décrivant comment toutes les parties potentielles sont émues par les besoins des personnes retardées mentalement jusqu'à ce que « l'insatiabilité » des besoins conduise à s'inquiéter des coûts et à craindre d'être dépassés).

[85] Voir, par exemple, Dworkin, « Paternalism ; Some Second Thoughts », in Sartorius (R.), ed., *Paternalism* ; 1983, p.105 ; Raz, « Right-Based Moralities », in *Theories of Rights, op. cit. supra* note 25, à p.186-95. Pour des notions alternatives des droits, voir Lynd, « Communal Rights », in *Texas Law Review*, Vol.62, 1984, p.1417 (explorant les droits qui construisent la communauté) ; Schneider, « The Dialectics of Rights and Politics : Perspectives from the Women's Movement », in *New York University Law Review*, Vol.61, 1986, p.589 (explorant la dialectique entre expérience et droits des femmes) ; Simon, « Rights and Redistribution in the Welfare System », in *Stanford Law Review*, Vol.38, 1986, 1433 ; voir aussi Doi (T.), *The Anatomy of Dependence*, trad. par J. Bester, 1973 (explorant la conception japonaise de l'interdépendance humaine, comparée à l'accent mis sur

présupposée par cette notion d'individus porteurs de droits – une communauté qui a la volonté de reconnaître et de faire respecter les droits individuels. Même cette conception courante des droits, fondée sur l'autonomie, s'appuie sur une construction sociale et commune de limites entre les personnes. Les frontières, qu'elles soient juridiques, psychologiques ou sociales n'existent pas naturellement ; elles sont inventées et réinventées par les personnes, de façon formelle et informelle.[86] Du point de vue psychologique, l'expérience même d'une identité personnelle, fermée n'exige pas seulement un individu mais plusieurs qui aident à poser les frontières.[87] Selon l'expression d'un théoricien, l'autonomie est un processus entre des « parties qui se spécifient mutuellement », comme le dessin de deux mains qui se dessinent l'une l'autre de M. C. Eicher.[88]

Ces intuitions, à propos du préalable des relations, pour le développement de l'autonomie, enrobent les travaux actuels en psychologie, anthropologie et philosophie. Des théories récentes concernant le développement humain soulignent comment des aspects de soi se développent à partir de l'expérience des autres, notamment de celle de la mère, de sorte que « [le] noyau de soi ou le sentiment de soi se construit aussi dans le relationnel ».[89] L'enfant a besoin de voir sa mère, la mère a

---

l'autonomie en Occident). Voir, de façon générale, « When Differnce Has Its Home », *op. cit. supra* note 15 (où je décris le présupposé traditionnel de capacité des détenteurs de droits et où je propose une approche alternative où l'accent est mis sur les relations sociales).

[86] Voir Ball (M.), *op. cit. supra* note 21, à p.15 (Pour nous, vivre dans un monde où même les limites sont de notre fait, n'est pas un mal. Si nous étions un bloc ou si nous avions des limites objectives, cela pourrait nous entraver de façon oppressante »). Voir, en général, Cohen (A.), *The Symbolic Construction of Community*, 1985 (explorant la construction sociale de l'appartenance et de l'exclusion comme éléments de la communauté) ; Erikson (K.), *Wayward Puritans : A Study in the Sociology of Deviance*, 1966 (explorant comment les Puritains assignaient les gens dans des positions déviantes comme moyen de concevoir les frontières de leur univers culturel).

[87] Voir Chodorov (N.), *The Reproduction of Mothering*, 1978, p.57-73, 99-110, 191-205 (le développement psychologique de l'individu dépend de sa relation avec le parent au travers duquel les frontières individuelles sont établies).

[88] Varela, « The Creative Role », in Walzlawick (P.), (ed.), *The Invented Reality*, 1984, p.309-11.

[89] Chodorow, « Toward a Relational Individualism : The Mediation of Self Through Psychoanalysis », in Heller (T.), Sosna (M.) & Wellbery (D.) (eds.), *Reconstructing Individualism : Autonomy, Individuality, and the Self in Western Thought*, 1976 (la relation mère-enfant affecte le développement des frontières de l'enfant). Chodorow s'appuie en partie sur le travail des théoriciens de la relation à l'objet tels que Joan Rivière, qui a écrit :

> « Un être humain isolé, pur et simple, non mêlé à d'autres êtres humains, c'est une chose qui n'existe pas. Chaque personnalité est un monde en soi, une compagnie de plusieurs. Ces autres personnes font en fait, en conséquence, partie de nous-même, pas le tout d'elles, bien sûr, mais ces parties ou ces aspects d'elles avec lesquels nous avons été en relation et

besoin de voir son enfant mais, plus important encore, pour commencer son processus d'individualisation, l'enfant a besoin de voir sa mère le voir.[90] Même au-delà des théories du développement de l'enfant, les psychologues ont commencé à identifier la capacité à forger des engagements et des liens avec les autres, plutôt que l'autonomie, comme la destination pour la personnalité mature.[91] Les philosophes ont développé des intuitions similaires. Drucilla Cornell interprète le point de vue de Hegel comme suggérant que « l'on devient un ego auto-identifié seulement au travers de l'interaction dans laquelle on s'expérimente soi-même *comme* un soi en étant reflété dans les yeux des autres».[92] La métaphore de la conversation, utilisée par les théoriciens du droit interprétivistes, adopte une vision similaire de l'interdépendance des individus et de l'aspiration à être en relation.[93]

Selon ce point de vue, les droits juridiques sont interdépendants et se définissent les uns par rapport aux autres. Ils naissent dans le contexte de

---

> qui sont ainsi devenus partie de nous. Et nous-même, nous avons et avons eu, de façon similaire, des effets et des influences, voulus ou non, sur tous les autres qui ont une relation émotionnelle avec nous, qui nous ont aimé ou haï. Nous sommes membres les uns des autres. »

(Chodorow, *op. cit. supra*, à p.202-03, citant Rivière, « The Unconscious Phantasy of an Inner World Reflected in Examples from Literature », in Klein (M.), Heimann (P.) & Money-Kyrle (R.), eds., *New Directions in Psychoanalysis*, 1955, p.358-59 (sans la note).

[90] Winnicott D.), *The Family and Individual Development*, 1965 ; Mahler, « Symbiosis and Individuation : The Psychological Birth of the Human Infant », in Mahler (M.), *The Selected Papers*, Vol.2, 1979, p.149 ; Winnicott, « The Theory of the Parent-Infant Relationship », in id., *The Maturational Processes and the Facilitating Environment*, 1965, p.37 (trad. en fr. : *Processus de maturation chez l'enfant : développement affectif et environnement*) ; Mahler, « Thoughts About Development and Indivuation », in *Psychoanalytical Study Child*, Vol.18, 1963, p.307.

[91] Voir, par exemple, Gilligan (C.), *In a Different Voice*, 1982, p.151-74.

[92] Cornell, « Toward a Modern/Postmodern Reconstruction of Ethics », in *University of Pennsylvania Law Review*, Vol.133, 1985, p.291, à p.361 (à propos des manuscrits de Iéna de Hegel) ; voir aussi Sandel (M.), *Liberalism and the Limits of Justice*, 1982 (critiquant la protection du « soi non-encombré » comme but des arrangements sociaux).

[93] L'autonomie, même comme aspiration, est l'invention d'une communauté linguistique et à travers les mots et les concepts, nous construisons symboliquement nos relations les uns avec les autres, selon des modes qui reconnaissent notre interdépendance. Voir Ball (M.), *op. cit. supra* note 21, p.138 (« La liberté est le contraire du chaos... Nous sommes libérés pour ce lien aux autres qui nous localise et nous tient qu'il y ait la dissolution des frontières d'ordre ou un ordre de frontières oppressantes » ; Geertz (C.), *op. cit. supra* note 2, à p.73-93. White décrit son approche de la lecture des textes comme analogue au changement par interaction : « L'idée de la lecture à l'oeuvre dans ce livre n'est pas simplement la vieille idée de découverte de sens, ni la nouvelle de création de sens par une communauté de lecteurs, c'est l'idée d'une interaction entre l'esprit et le texte qui fonctionne comme une interaction entre des personnes – c'en est, en fait, une espèce – et les attentes que nous apportons sur un texte, devraient être celles que nous mettons dans les personnes que nous connaissons dans notre vie ». (White (J. B.), *op. cit. supra* note 2, à p.18).

relations entre personnes qui sont elles-mêmes interdépendantes et qui se définissent mutuellement.[94] En ce sens, tout droit et toute liberté n'est rien de plus qu'une revendication limitée par les revendications possibles des autres.[95] Les droits, en fait, pourraient être compris comme simplement la formulation des conséquences juridiques pour des modèles particuliers de relations humaines ou institutionnelles.[96] Plutôt que l'expression d'une quelconque autonomie intrinsèque, les droits de propriété annoncent des relations complexes et qui souvent se chevauchent, entre des individus et la communauté plus large, portant sur des ressources limitées.[97] Le droit des contrats gouverne tout spécialement la formation et la dissolution des relations commerciales.[98] Les droits constitutionnels tels que la liberté d'asssocation, la liberté religieuse et les droits fondamentaux de se marier, de procréer, de protéger les liens familiaux décrivent expressément des revendications juridiques de relations.[99] Peut-être moins

---

[94] L'inégalité dans le processus de définition mutuelle est un problème important. Nos définitions de nous-même ne sont pas considérées comme égales entre elles ; les groupes majoritaires ont un plus grand contrôle sur les définitions non seulement d'eux-mêmes mais aussi de ceux qu'ils définissent comme « autres ». Voir « When Difference Has Its Home », *op. cit. supra* note 15, à p.169-73 (où je traite de la « théorie des qualifications »). Cependant, le langage des droits offre quelque espoir : c'est le langage de la protestation rendue légitime par les puissants, même pour son utilisation par les sans pouvoirs.

[95] Hohfeld dresse un tableau élaboré des contextes relationnels dans lesquels les affirmations de droits sont soulevées. (Voir Singer, « The Legal Rights Debate in Analytical Jurisprudence from Bentham to Hohfeld », in *Wisconsin Law Review*, 1982, p.975, à p.986-94.)

[96] Voir Minow, « Many Silent Worlds », in *Western New England Law Rev*iew, Vol.9, 1987, p.197 ; Singer, *The Reliance Interest in Property*, Jan. 1987 (manuscrit non publié).

[97] Singer, *op. cit. supra* note 96 ; voir aussi Glendon (M.), *The New Family and the New Property*, 1981 (explorant cross-culturellement les concepts de la « nouvelle propriété »).

[98] Voir, MacNeil (I.), *The New Social Contract*, 1980 (préconisant la reconnaissance de relations sur le long terme plutôt que de transactions simples en théorie des contrats ; Macaulay, « Non-contractual Relations in Business : A Preliminary Study », in *American Sociological Review*, Vol.28, 1963, p.55 (la planification contractuelle et les contrats utilisés pour la négociation des relations à long terme) ; Wiseman, « The Limits of Vision : Karl Llewellyn and the Uniform Commercial Code, in *Harvard Law Review*, Vol.100, 1987, p.465, à p.504-09 (discussion de la notion de transactions marchandes chez Llewellyn, des transactions dans lesquelles la relation à l'intérieur d'une communauté d'acteurs habitués devrait influencer la nature des règles). Voir, de façon générale, Gottlieb, « Relativism : Legal Theory for a Relational Society », in *University of Chicago Law Review*, Vol.50, 1983 (plaidant pour une perspective « relationiste » dans les arrangements judiciaires en cours, entre institutions, groupes et autres, liés dans des rapports sur le long terme) ; Green, « Relational Interests », in *Illinois Law Review*, Vol.30, 1935 (explorant la signification, pour le droit, des relations commerciales, professionnelles, familiales, de groupes ou politiques).

[99] Voir Weisbrod, « Family, Church and State », *Legal History Program Working Paper # 2*, Institute for Legal Studies, University of Wisconsin, Madison Law School. Mais voir Minow, « The Invention of Tradition : The Constitution and the Family », in *Journal of American History*, Vol.73 (les doctrines constitutionnelles en matière familiale convertissent les conflits entre groupes ethniques et groupes religieux en conflits entre Etat et famille).

évidents mais non moins puissants sont les droits juridiques en matière de responsabilité civile qui donnent une signification juridique aux rapports entre étrangers.[100] Les droits de la victime d'un dommage ne peuvent pas être définis sans référence aux autres qui sont affectés par la revendication d'une réparation. Est notoirement impliqué l'auteur du dommage mais sont aussi impliqués ceux sur lesquels le coût de la réparation va retomber, à travers l'assurance ou le mécanisme de fixation des prix.[101]

L'autonomie n'est donc pas un préalable à l'exercice de ses droits par un individu. Le seul préalable est que la communauté ait la volonté de permettre à l'individu d'émettre des revendications et de participer au déplacement des bornes.[102] Quand une cour agit, elle définit les bornes entre les gens en acceptant ou en rejetant les revendications particulières. Cependant même ces actes du pouvoir judiciaire lient les mots à des relations et les individus à d'autres individus de manières très complexes. Les actes judiciaires permettent aux revendications suivantes de

---

[100] Voir Calabresi (G.), *The Cost of Accidents*, 1970 ; Minow, *op. cit. supra* note 96. En répartissant les relations humaines sur un spectre qui va d'un haut à un faible degré d'intimité, les règles juridiques ont prescrit les termes et les conséquences des relations de famille et de mandataire/bénéficiaire, des relations liées et posées en termes contractuels et les relations avec les étrangers. Les transformations dans les règles juridiques gouvernant chacun de ces groupes sont frappantes. Alors que les règles juridiques présumaient jadis une identité d'intérêts entre les membres d'une même famille et excluaient l'accès au droit pour résoudre les disputes au sein de la famille, les développements actuels formulent les droits des membres individuels de la famille les uns contre les autres. Et bien que les termes du contrat aient pu autrefois fixer les limites des obligations entre les parties contractantes, le développement de la responsabilité au-delà des conditions expresses du contrat, en particulier dans le domaine des relations de professionnel à client, ont redéfini les conséquences juridiques de ces relations. Même avant les notions de confiance altéraient le contrôle des parties sur les termes juridiques de la relation. Pour les étrangers, la croissance de la responsabilité stricte et la transformation du droit de la responsabilité concernant les produits ont considérablement renforcé les liens imposés par le droit.

[101] Les règles de responsabilité concernant les marchandises transcendent les frontières entre producteurs et victimes potentielles et font que les producteurs considèrent les victimes potentielles comme pesant inévitablement sur les décisions qu'ils prennent. Voir, en général, Calabresi (G.), *op. cit. supra* note 100.

[102] Problématique, cependant, est la question de ce qui constitue une communauté. De nombreuses communautés peuvent être présentes dans une même aire géographique, comme il peut n'exister aucune communauté au sens où les gens ne se considèrent pas comme membres d'une entreprise collective d'interdépendance mutuelle. Ce sont des points importants qui doivent être explorés. Cependant, cela ne constitue pas une invalidation des affirmations particulières selon lesquelles l'adoption et l'usage du langage juridique soutiennnent et recréent des notions particulières de communauté, renforcées au travers des institutions juridiques. C'est la distinction et la possible disjonction entre le langage et les institutions du droit qui présentent le défi le plus important à cette analyse. Voir Section II *infra*.

s'exprimer, en même temps qu'elles permettent la résistance formelle et informelle aux limites même énoncées par la cour.[103]

L'invocation de la communauté qu'impliquent les revendications de droits ne contraint pas les individus et les sous-communautés à perdre leurs limites ou à se fondre dans la communauté plus large. Certains droits, tels que définis dans leur contenu spécifique, formulent des frontières qui protègent les individus et les groupes contre les liens avec les autres. Les droits à ne pas être molesté, par exemple, tels que le droit d'un enfant à ne pas subir de violence physique, ne sont pas des exceptions à la notion des droits comme outils d'un dialogue commun. D'un point de vue historique, ce ne sont pas des exceptions mais précisément des produits de ce type de recherche commune que j'ai suggéré. Au travers des procès et de la législation, de tels droits ont été formulés et appliqués. Que le contenu particulier d'un droit applicable exige des membres de la communauté le respect de limites à l'intérieur de la communauté est un engagement pour mettre à exécution les décisions auxquelles a conduit la discussion commune.[104] Les droits qui reconnaissent des frontières soulignent les liens communs parce que c'est au travers de la référence à l'autre que nous nous établissons et formulons nos bornes.[105]

Quand j'éprouve le sentiment d'une contrainte parce que quelqu'un d'autre revendique un droit, même si je rejette la limite qu'il ou elle cherche à poser, je fais aussi l'expérience du lien qui m'unit à cette personne, au travers du processus de reconnaissance mutuelle.

Le langage des droits aide les personnes à formuler des standards pour le jugement des conduites et la nature du discours des droits en tant que langage pour exprimer du sens persiste même au-delà de son utilisation à

---

[103] Voir, par exemple, Thompson (E. P.), *Whigs and Hunters : The Origin of the Black Act*, 1975 (discutant de la conscience des droits et de la résistance populaire au droit) ; Forbath, Minow and Hartog, « Introduction : Legal Histories from Below », in *Wisconsin Law Review*, 1985, p.759 (même chose).

[104] Cornell, « Should a Marxist Believe in Rights ?», in *Praxis International*, Vol.4, p.1084 (à propos de Habermas). L'imposition de façons de voir, d'obligations ou de droits par des autorités au-dessus n'est pas le fruit d'un dialogue commun mais, même lorsque les parties à un procès se soumettent pour l'essentiel à l'autorité supérieure des tribunaux, leur expérience devant la cour peut aider à promouvoir le sentiment qu'elles sont en lien avec autrui.

[105] « Traces of Self-Government », *op. cit. supra* note 52, à p.32 (à propos de la construction « intersubjective » des individus au sein de laquelle les identités et les implications sociales sont inséparables) ; voir aussi Cornell, *op. cit. supra* note 92, p.360-368.

l'intérieur des institutions juridiques.[106] Dans notre culture, même les enfants trouvent la rhétorique des droits familière et bien adaptée pour l'expression de ce qu'ils ressentent.[107]. Et les gens emploient les droits ou les revendications de droits à des libertés ou à quelque chose pour exprimer ce qu'ils perçoivent comme leur dû, même quand l'appareil juridique formel n'a pas reconnu ou approuvé ces perceptions.[108] Les gens parlent spontanément de droits, largement en dehors des institutions juridiques. Par exemple, ils affirment un titre, un besoin ou des désirs quand ils entrent en collision à l'arrêt d'autobus ou sur un terrain de jeu. Les enfants, non moins que les adultes, peuvent prendre part à la conversation juridique qui utilise les droits pour attirer l'attention de la communauté.[109] Si l'un des problèmes avec les enfants est qu'ils exposent l'interdépendance des enfants par rapport aux autres gens – et les conflits

---

[106] Les notions de langage chez Wittgenstein et Sartre sont tout à fait cruciales pour la compréhension que je développe ici. Sartre décrit le langage non pas comme un ensemble de significations liées par des règles mais comme un mode d'action humain et une expression de soi créatrice (Sartre (J.P.), *L'être et le néant*). Wittgenstein souligne que la signification des mots est déterminée par leur utilisation et que celle-ci dépend du contexte, de leur situation dans des formes de vie, ce qui contribue à une perception du langage comme nécessairement intersubjectif et commun (voir *op. cit. supra* note 73). Je fais des droits non pas simplement un vocabulaire mais un langage tel que l'entendent Sartre et Wittgenstein. J'utilise, de cette façon, l'analogie entre le langage et les droits à peu près comme Fred Dallmayr (Dallmayr (F.), *Language and Politics*, 1984, p.174-92 [le langage et la politique interagissent et se construisent mutuellement] ; cf. Kagan (J.), *The Nature of the Child*, 1984, p.112-53 (décrivant le développement des standards pour juger du contenu comme faisant partie de la croissance de l'enfant). Mais voir Greenhouse (C.), *Praying for Justice*, 1986, p.106-41 (décrivant la résistance d'une communauté baptiste aux droits et la préférence de ses membres pour l'harmonie et la coopération qui sont leur conception des relations humaines).

[107] Voir l'exposé d'Alvin Poussaint, Professeur associé de psychiatrie à l'Ecole de Médecine de Harvard, in Charren (P.) & Hulsizer (C.) (eds.), *Television, Children and the Constitutional Bicentenial : A Report of Action for Children's Television*, 1986, p.34-35 : « Je pense que les enfants comprennent l'idée d'égalité et de droits individuels mais je crois qu'un lien direct manque dans la façon dont nous les éduquons entre leurs vies et la Constitution ».

[108] Voir, par exemple, Forbath, « The Ambiguities of Free Labor : Labor and the Law in the Gilded Age », in *Wisconsin Law Review*, 1985, p.767, à p.801-17 ; Matsuda, « Looking to the Bottom : Critical Legal Studies and Reparations », in *Harvard Civil Rights - Civil Liberties Law Review*, VoL.22, 1987, p.323 ; Williams, *op. cit. supra* note 59, à p.417 (« Quand, cependant, l'expérience d'une personne est ancrée non seulement dans un « sens » d'illégitimité mais dans celui d « être » illégitime, d'être violée et dans la crainte d'être mise à mort, alors l'adhésion des noirs au schéma des droits négatifs – à soi, à l'inviolabilité de ses propres limites personnelles – fait sens ».)

[109] A la fois les enfants et les adultes peuvent avoir besoin d'être représentés par d'autres dans le débat et la représentation est problématique mais pas uniquement pour les enfants. Voir *infra* note 114-19 (à propos des problèmes de la relation avocat-client.)

engendrés par cette interdépendance – , c'est un problème pour les adultes aussi.[110]

Des exemples évidents de l'interdépendance des adultes se présentent dans le contexte familial. Même si un conflit n'est jamais susceptible d'atterrir devant le juge, les adultes au sein d'une famille révèlent leur interdépendance lorsqu'ils discutent de questions telles que : qui fera quelles courses ? Qui s'occupera des enfants cet après-midi ? Qui aura du temps à lui ? Traduire ces questions en revendications conflictuelles d'autonomie passe à côté du fait qu'un partage de vies est impliqué par de telles questions.

Quand les revendications des droits arrivent à l'attention officielle, l'interdépendance de ceux qui revendiquent n'est pas moins palpable. Le droit d'une femme adulte à choisir de mettre fin à sa grossesse sans consulter son époux ou sans avoir son consentement implique clairement les revendications que peut faire valoir le père ou l'enfant potentiel et modifie celles-ci. De même, un droit opposé du père à être consulté ou à consentir impliquerait les droits de la mère et de la nouvelle vie potentielle et les modifierait. Quelles que soient les règles, qu'elles criminalisent une telle conduite ou qu'elles la protègent contre tout contrôle et toute poursuite, le droit formule un modèle de droits qui concerne les relations entre individus, même si un droit individuel est déclaré être la revendication gagnante. Le droit d'une femme à maîtriser son choix propre en matière de procréation, une fois déclaré et appliqué par les autorités juridiques, remodèle les relations d'une femme et change son pouvoir mais non pas parce que le droit est « intervenu » soudainement là même où il était auparavant absent. Le droit prescrit toujours des conséquences pour des relations particulières, serait-ce en n'agissant pas.[111] Dans le passé, le droit est intervenu en conférant l'autorité juridique en matière de décisions concernant la procréation aux pères potentiels et aux médecins.[112]

---

[110] J'explore ceci longuement dans « Rights for the Next Generation » , *op. cit. supra* note 30, à p.15-18.

[111] Ce fut une intuition centrale des réalistes américains. Voir Cohen, « Property and Sovereignty », in *Cornell Law Quarterly*, Vol.13, 1927, p.8, à p.11-12 ; Hale, « Coercition and Distribution in a Supposedly Non-Coercive State », in *Political Science Quarterly*, Vol.38, 1923, p.470.

[112] Voir Minow, « Beyond State Intervention in the Family : For Baby Jane Doe », in *University of Michigan Law Journal Ref.*, Vol.18, p.933, à p.946-53 ; Olsen, *op. cit. supra* note 46.

De même, les droits des actionnaires impliquent les relations de ceux-ci avec la direction et le personnel. Les droits des mandataires de trusts impliquent leurs relations avec les administrateurs de ces trusts et leurs donateurs. Toute déclaration des droits d'un individu trace implicitement ou explicitement une référence pour les autres et exprime ainsi des relations et des interconnexions au moment même où l'individu affirme son autonomie. A cet égard, les droits des enfants ne présentent pas plus de problèmes que ceux des adultes parce que les revendications de droits impliquent des relations entre membres d'une communauté.

Une objection courante à cet argument souligne les différences entre les enfants et les adultes. Je rejette ici la notion selon laquelle notre société devrait répondre aux questions concernant le statut légal des enfants simplement en se demandant comment les enfants diffèrent des adultes. Cette question suggère à tort que de telles différences sont réelles et susceptibles d'être découvertes, plutôt que contingentes par rapport à des interprétations et à des choix sociétaux. Selon une interprétation, les enfants sont relativement sans pouvoir et c'est pourquoi ils devraient être traités différemment des adultes. Une réponse à ce point de vue est que le pouvoir lui-même est une qualité de relations, non pas un quantum ou une caractéristique intrinsèque de la personne isolée. Le langage des droits est un type de rhétorique servant à formuler, à contester ou à soumettre à examen des relations de pouvoir. Les enfants ne sont pas moins impliqués que les adultes dans ces relations.

Une autre variante de cette même conception met l'accent sur les problèmes de savoir et de compétence des enfants. Nous, adultes, ne faisons pas confiance à une personne qui revendique de parler pour un enfant, pour représenter véritablement les intérêts de l'enfant, de la façon dont nous faisons confiance à un représentant pour un adulte capable. Le représentant d'un enfant peut agir comme porte-parole d'un enfant qui est en mesure d'exprimer une opinion ou comme protecteur qui fournit son propre point de vue sur l'intérêt de l'enfant.[113] Il y a des raisons spontanées de ne pas faire confiance à la position de l'adulte dans l'une et l'autre circonstance. L'adulte qui offre le point de vue de l'enfant, sans

[113] Note « Lawyering for the Child : Principles of Representation in Custody and Visitation Disputes Arising from Divorce, in *Yale Law Journal*, Vol.87, 1978, p.1126, à p.1138-53 (à propos des rôles alternatifs pour les avocats d'enfants). Les problèmes de définition du rôle qu'il convient aux avocats d'adopter n'ont pour rivaux que les dilemmes éthiques présentés par le retrait des avocats derrière leur « rôle » pour justifier leur conduite. Voir Postema, « Moral Responsibility in Professional Ethics », in *New York University Law Review*, Vol.55, 1980, p.63 ; Rhode, « Ethical Perspectives on Legal Practice », in *Stanford Law Review*, Vol.37, 1985, p.589.

médiation, peut avancer une position irrationnelle ou pas judicieuse ; l'adulte qui défend une préférence autre que celle de l'enfant n'a aucun repère évident, dans l'incertitude générale, quant à ce qui est bon pour l'enfant.

Une réponse est que cette accusation s'applique tout aussi bien aux avocats représentant des clients adultes.[114] L'avocat de l'adulte qui fait uniquement ce que son client désire peut tout à fait se voir reprocher d'omettre de conseiller une stratégie différente.[115] Cependant, l'avocat qui agit selon son propre point de vue provoque aussi la critique des observateurs.[116] Le problème du manque de confiance dans l'interprétation des intérêts de leurs clients par les avocats est bien connu dans les litiges d'intérêt public.[117] La question devient particulièrement claire quand l'avocat travaille pour une grande organisation, telle qu'une

---

[114] Cette objection s'applique aussi aux juges. Voir Kennedy, « Distributive and Paternalist Motives in Contract and Tort Law, with Special Reference to Compulsory Terms and Unequal Bargaining Power », in *Md. Law Rev.*, Vol.41, 1982, p.563.

[115] Voir, par exemple, Crouch, « Divorce Mediation and Legal Ethics », in *Family Law Quarterly*, Vol.16, 1982, p.219, à p.224-34 (les risques du client quand il est laissé sans conseil juridique indépendant) ; Nelson, « Ideology, Practice, and Professional Autonomy : Social Values and Client Relationship in the Large Law Firm, in *Stanford Law Review*, Vol.37, 1985, p.503 (arguant qu'il y a peu de preuves que les avocats travaillant en firme contribuent à restreindre ou à contrecarrer les actions de leurs clients) ; Wasserstrom, « Lawyers as Professionals : Some Moral Issues », in *Human Rights*, Vol.5, 1975, p.1 (le caractère de rôle différencié dans les situations des avocats modifie le point de vue moral approprié) ; cf. Kraakman, « Corporate Liability Strategies and the Costs of Legal Controls, in *Yale Law Journal*, Vol.93, 1984, p.857, à p.888 (à propos de la tentation pour les membres de firmes d'avocats de se comporter en gardiens ayant la haute main sur les délits d'entreprise.

[116] La critique la plus élaborée apparaît dans la discussion sur les actions collectives. Voir Bell, « Serving Two Masters : Integration Ideals and Clients Interests in School Desegregation Litigation, in *Yale Law Journal*, Vol.85, 1976, p.470 ; Rhode, « Class Conflicts in Class Actions, in *Stanford Law Review*, Vol.34, 1982, p.1183. Cependant les accusations ont été soulevées également contre des avocats représentant des clients qui étaient des individus adultes. Voir, par exemple, Burt, « Conflict and Trust Between Attorney and Client », in *Georgetown Law Journal*, Vol.69, 1981, p.1081 (à propos du manque de confiance dans les relations avocat-client) ; Luban, « Paternalism and the Legal Profession », in *Wisconsin Law Review*, 1981, p.454 (à propos des situations où le paternalisme se justifie ou non) ; voir aussi Fried, « The Lawyer as Friend : The Moral Foundations of the Lawyer-Client Relation », in *Yale Law Journal*, Vol.85, 1976, p.1060 (répondant aux accusations selon lesquelles le rôle de l'avocat est incompatible avec les valeurs morales).

[117] Certains peuvent prétendre que les clients adultes dans un procès d'intérêt public ont la possibilité d'engager leurs avocats et de s'en séparer et, par conséquent, d'en avoir le contrôle. Voir Mnookin, « The Paradox of Child Advocacy », in *In the Interest of Children*, *op. cit. supra* note 30, à p.53-55. Ceci semble peu convaincant lorsque le groupe client est grand et les membres individuels ont peu de contrôle, lorsque le litige est complexe et malaisé à expliquer aux clients ou lorsque les membres d'une action collective sont potentiellement en conflit entre eux. Voir *ibid.*, à p.54.

firme de droit qui a ses intérêts propres, distincts de ceux de ses clients.[118] Cependant la difficulté semble inhérente à la représentation juridique du client :

> Le problème de s'assurer que les avocats travaillent toujours pour le mieux des intérêts de leur client est inhérent à tout système qui utilise un conseil pour représenter les clients. Quand quelqu'un reçoit l'autorité pour avancer les intérêts de quelqu'un d'autre, il y a toujours le danger que l'agent ne soit pas fidèle aux intérêts de son client. L'agent peut avoir mal perçu les attentes de son client. L'agent peut croire que quelque chose est dans l'intérêt de son client alors qu'il en va en fait autrement. Finalement, chaque fois que le pouvoir est délégué, il y a la possibilité et la tentation pour l'agent de faire passer ses intérêts propres avant ceux de son client. Ces problèmes affectent presque toutes les relations humaines.[119]

Les enfants sont souvent moins loquaces et moins connaisseurs d'eux-mêmes que les adultes mais ces qualités ne les rendent pas, nécessairement, particulièrement vulnérables au sein d'un système juridique. S'il y a des motifs de se méfier des représentations juridiques des enfants, il y a des raisons de se méfier des représentations juridiques des adultes et la confrontation de ces deux manques de confiance peut exiger plus et non pas moins de conversation juridique. Les tribunaux pourraient désigner plusieurs représentants pour offrir des points de vue différents sur les droits et les intérêts des enfants[120] ou demander une exploration plus approfondie par les représentants initiaux du spectre des intérêts potentiellement en jeu dans un procès. La cour s'est longtemps vue assigner la tâche spéciale de gardienne des intérêts des enfants dans

---

[118] Voir Nelson, *op. cit. supra* note 115, à p.465 (les facteurs institutionnels à la fois au niveau de la firme d'avocats et à celui de la société influent sur la représentation des clients par les avocats) ; « Food For Thought : Case Study », Harvard Program on the Legal Profession (manuscrit non publié, conservé par l'auteur) (explorant les préoccupations conflictuelles de l'avocat concernant la réputation de sa firme dans le travail Nourriture et Médicaments et les besoins des clients particuliers) ; voir aussi Rosenthal (D.), *Lawyer and Client : Who's in Charge ?* ; 1974, p.96-105 (à propos du conflit entre les intérêts financiers de l'avocat et les intérêts du client) ; Blumberg, « The Practice of Law as a Confidence Game », in *Law and Society Review*, Vol.1, 1967, p.15 (les conflits entre l'engagement continu des avocats de la défense en matière criminelle, envers l'organisation du processus pénal et leurs obligations envers un client particulier).

[119] Mnookin, *op. cit. supra* note 117, à p.54.

[120] Voir Chambers & Wald, *op. cit. supra* note 64, à p.144 (recommandant la nomination d'un conseil supplémentaire pour offrir des perspectives différentes dans les cas tests impliquant des enfants).

les procès ; ce qui peut faire défaut, ce sont des étapes pratiques pour préparer la cour à exercer cette fonction.

Il existe une seconde objection à la conception des droits des enfants comme similaires à ceux des adultes. La dépendance émotionnelle, physique et économique des enfants par rapport aux adultes semble présenter une différence d'échelle par rapport aux besoins des adultes. Il est possible de prétendre que formuler les intérêts des enfants en termes de droits risque de saper les relations par le biais desquelles ces besoins sont en général satisfaits.[121] Cette objection suppose que les enfants s'en trouveraient mieux si les écoles et les familles étaient tenues à l'abri du regard du contrôle public, autorisé par les revendications des droits.

Bien que j'admette sans réserve que le regard public lui-même peut être dommageable pour certains enfants et perturbant pour les adultes qui s'en occupent,[122] il y a souvent des risques plus sérieux pour les enfants, si les adultes qui en ont la charge, échappent au contrôle public.[123] Lorsque

---

[121] De façon alternative, exprimer les besoins des enfants au travers de la rhétorique des droits présente de plus grandes difficultés pour la fixation des limites de ces revendications que lorsqu'il s'agit de revendications d'adultes. Voir *Goss v. Lopez,* 413 U.S. 565, 597 (1975) (opinion dissidente du juge Powell) (les difficultés pour tracer les limites des droits des enfants) ; Burt, *op. cit. supra* note 84 , à p.265. Cette objection, cependant, relève d'une conception erronée selon laquelle les droits ont des limites définies, ce qui a rarement été le cas dans d'autres domaines, tels que les procès en matière de responsabilité concernant les produits toxiques ou de réformes des prisons. Dans ces contextes, comme dans les contestations juridiques sur les soins aux enfants en famille d'accueil, sur le traitement institutionnel et les autres systèmes de prise en charge (ou de mauvaise prise en charge) des enfants, les processus juridiques d'argumentation, de négociation et de contrôle peuvent orchestrer les revendications et les remèdes.

[122] Voir Avery, « The Child Abuse Witness : Potential for Secondary Victimization », in *Criminal Justice Journal*, Vol.7, 1983, p.1 (à propos des effets néfastes potentiels pour l'enfant de sa participation à l'accusation) ; Myers, « The Legal Response to Child Abuse: In the Best Interest of Children ? », in *Journal of Family Law*, Vol.24, 1985-86, p.149 (« le but de la protection des enfants est souvent desservi par le procès ») ; Estrich (S.), *Real Rape*, 1987 (le préjudice qu'impose le système de justice pénale à la victime d'un viol par un adulte) ; Nemeth, « Legal Emancipation for the Victim of Rape », in *Human Rights*, Vol.11, 1984, p.30 (même chose).

[123] La proportion d'enfants victimes de violences est difficile à déterminer mais les observateurs s'accordent aujourd'hui à reconnaître que le problème est répandu et que les auteurs de celles-ci sont de loin le plus souvent des parents ou des amis et non pas des étrangers par rapport à l'enfant (Voir Conte, « The Justice System and Sexual Abuse of Children », in *Social Service Review*, Vol.58, 1984, p.556, à p.557-8 [rapportant une étude dans laquelle trente-huit pour cent des femmes adultes interrogées racontaient qu'elles avaient subi des agressions sexuelles alors qu'elles étaient mineures et une autre étude où quarante-sept pour cent des auteurs étaient des membres de la propre famille de l'enfant et quarante-deux pour cent connus de l'enfant sans être membres de la famille] ; Fuller, « Child Abuse Rises », in *American Bar Asssociation Journal*, Vol.72, Feb. 1986, à p.34 [rapportant une étude qui estime à 1.793.000, le nombre d'enfants maltraités ou négligés en

l'Etat estime que la proportion d'enfants à risque est beaucoup plus élevée dans les couches les plus pauvres de la société, la revendication des droits en leur nom représente un effort pour rectifier des modèles sociaux plus répandus qui sont préjudiciables aux individus.[124] L'image des droits comme instruments lourds et dommageables, qui devraient être réservés aux adultes n'est qu'une conception possible des droits. Ma conception alternative insiste sur les droits comme langage servant à exprimer et à refaçonner le modèle de toute relation.[125]

En tant que langage reconnu par les institutions juridiques officielles, la rhétorique des droits véhicule des significations traditionnelles mais elle est capable de convoyer aussi de nouvelles significations. Même les droits comme règles représentent des conséquences juridiques passées ou des conséquences affirmées de certains rapports politiques, économiques et sociaux existants. La lutte entre groupes en concurrence et le combat pour établir des affiliations en dehors et peut-être différentes de celles de la majorité présentent des questions plus larges de relation en termes de droits. Quels droits et configurations de droits peuvent protéger des groupes quand leurs normes sont en conflit avec celles admises et appliquées par le système juridique officiel ?[126] Ces questions sont parmi les plus difficiles pour une société diverse et discordante mais, en les affrontant, le discours des droits s'est avéré à la fois flexible et constructif.

1975] ; ten Bensel, « The Scope of the Problem », in *Juvenile and Family Court Journal*, Vol.35, 1984, p.1, à p.1-2 [estimant que selon une définition large quatre à cinq millions d'enfants sont négligés ou victimes de violence chaque année et mentionnant un accroissement dramatique des cas d'abus sexuels, rapportés]).

[124] Voir, Solnit, « Children, Parents, and the State », in *American Journal of Orthopsychiatry*, 1982, p.496, à p.501-04 (critique de l'intervention accrue de l'Etat dans la vie familiale au travers des rapports exigés en matière de violences à des enfants et les refus de l'Etat concernant le retour des enfants que les parents ont placés, initialement de manière volontaire, dans les services de l'Etat) ; voir aussi Krisberg & Schwartz, « Rethinking Juvenile Justice », in *Crime and Delinquency*, Vol.29, 1983, p.333 (résumant les données et les politiques développées en matière de justice des mineurs) ; Pope & Feyerherm ; « Race Court Dispositions : An Examination of Initial Screening Decisions », in *Criminal Justice and Behavior*, Vol.8, 1981, p.287 (étude sur l'impact de la race dans les pratiques des tribunaux pour enfants).

[125] Cf. Ball (M.), *op. cit. supra* note 21, à p.132-33 (rejetant la conception des tribunaux comme champs de bataille et y substituant les métaphores du théatre, de la danse et du dialogue).

[126] Voir « *Nomos* and Narrative », *op. cit. supra* note 23, à p.60-68 ; Levinson, « Constituting Communication Through Words That Bind : Reflections on Loyalty-Oaths », in *Michigan Law Review*, Vol.84, 1986, p.1440, à p.1447-48, 1454-56.

D) De toute manière, pourquoi parler de droits ?

Pourquoi avancer cette conception des droits, y compris des droits des enfants, en tant que vocabulaire utilisé par les membres d'une communauté pour interpréter et réinterpréter leurs rapports entre eux ? Cette conception répond à la fois à la critique de ceux qui s'opposent aux droits nouvellement formulés en leur reprochant leur manque de fondement objectif et à ceux qui critiquent les droits pour leur indétermination analytique. L'analogie du langage et le traitement des droits comme un vocabulaire particulier impliquant des rôles et des rapports entre communautés et institutions, cette approche suggère comment les droits peuvent être quelque chose, sans être fixes et comment ils peuvent se modifier, sans perdre leur légitimité.[127]

---

[127] Ball cite Thomas Reed Powell, qui citait lui-même James Beck, à propos d'une métaphore pour la constitution cherchant de même à concevoir le droit quelque part entre fixité et fluidité :

> « La Constitution n'est ni, d'une part, le roc de Gibraltar qui résiste imperturbablement à l'assaut incessant des flots à travers le temps et les épreuves, ni, d'autre part, une plage de sable que détruit doucement l'érosion des vagues. Elle ressemble plutôt à un dock flottant qui, bien attaché dans ses ancrages, et échappant ainsi aux caprices de la mer, monte et descend au rythme de la marée du temps et des circonstances. »

(Ball (M.), *op. cit. supra* note 21, à p.18, citant Powell, « Constitutional Metaphors » (compte-rendu de lecture), in *New Republic*, Feb.11, 1925, à p.314 ; voir aussi Cover (R.), *Justice Accused*, 1975, p.126-30 (ci-après *Justice Accused*) (à propos du langage et des règles). Cover note :

> « Il y a ceux qui parlent mal le langage du droit – dont les échappées hors des règles seront effacées ; qui ne reflètent ni la vague du futur destinée à se transformer en prophétie sous l'acceptation des masses ni le coup de génie du maître dont la sortie des sentiers battus entraînera la foule derrière lui. Les autres – la grande majorité – parlent selon les règles, parce que celles-ci en sont souvent l'émanation. Ils s'en écartent occasionnellement, le plus souvent par mégarde. Et puis il y a les prophètes et les maîtres qui font bouger le droit davantage que leur poids per capita, démocratique. Ou bien, ils s'attirent la réponse que « C'est ce que nous savions et que nous avons toujours voulu mais qui n'a jamais été formulé ainsi auparavant ». Ou bien ils touchent une corde sensible : « Nous n'y avons pas pensé jusque là mais votre argumentation attire notre attention et même emporte notre conviction ».

(*ibid.*, p.128) Et :

> « Quand il y a un écart par rapport aux règles, cependant, ce qui détermine si les règles ont changé n'est pas tant une autre règle entraînant le changement dans les règles mais l'acceptation du changement par les autres dans la durée. A cet égard, l'analogie avec le langage est mieux adaptée que l'analogie avec les jeux (pour comprendre le droit). »

(*ibid.*)

Les droits sont rarement neutres. Avec eux, nous choisissons entre une variété de conséquences juridiques possibles en matière de relations humaines et influençons de ce fait le modèle de relations existant et à venir.[128] De plus le tournant interprétatif, tel que décrit dans cet essai, ne fait pas dépendre le droit d'une force quelconque, échappant au contrôle de l'humain,[129] mais elle le place sous la responsabilité humaine pour ce qui est des schémas de droits et de règles qui émergent du discours juridique et des relations humaines qui sont promues ou, au contraire, entravées par ce processus. De cette façon, la notion de droits comme outils dans la poursuite du discours commun aide à localiser la responsabilité de l'action ou de l'inaction juridique dans les êtres humains.[130] La structure interprétative cherche à réinvestir l'activité juridique d'une aspiration crédible à créer un sens commun au sein d'un monde affecté par un scepticisme compréhensible.[131]

---

[128] Les revendications des droits qui appellent la négociation, la consultation et la discussion comme modes de résolution des conflits, ne peuvent pas être neutres : elles demandent la reconnaissance de chacun des intervenants par l'autre. Quand le Projet d'Audition des Enfants de Cambridge, Mass. reçoit les plaintes parentales redirigées par les tribunaux pour enfants à propos des enfants « intenables », l'équipe du Projet crée des occasions pour les parents et les enfants de négocier des accords contractuels pour résoudre leurs conflits ou pour établir des procédures pour régler les conflits futurs. Cette approche non-neutre exige que les parents prennent autant au sérieux les plaintes de leurs enfants que les leurs, bien que les contrats particuliers, négociés par les membres de la famille, dépendent de leurs propres vues et non de celles de l'équipe du Projet. (Merry (S.) & Rocheleau (A.), *Mediation in Families : A Study of the Children's Hearing Project*, 1985, p.91-101.)

[129] Voir Noonan (J.), « The Antelope : the Ordeal of the Recaptured Africans », in id., *The Administration of James Monroe and John Quincy Adams*, 1977, p.159 :

> « Ceux qui supposent que le système juridique est un ensemble auto-régulateur de règles existant indépendamment des participants et contraignant les avocats et les juges à agir contre leur conscience seront toujours prédominants chez les juristes, les juges et les historiens du droit. Mais parfois dans le coeur humain, la glace se craquèlera et la personne humaine reconnaîtra sa responsabilité envers les autres personnes humaines qu'elle touche. »

[130] Un but similaire anime un autre travail de John Noonan qui prend trois cas et va rechercher sous les étiquettes de l'analyse juridique et des rôles, les personnes et les enchaînements de responsabilité que la routine supprime. (Noonan (J.), *Persons and Masks of the Law*, *op. cit. supra* note 129 ; *Justice Acccused*, *op. cit. supra* note 127 (explorant les raisons psychologiques et prudentielles pour lesquelles les juges opposés à l'esclavage ont, néanmoins, appliqué les Lois sur les Esclaves Fugitifs).

[131] Cover décrit le travail interprétatif comme « une tentative pour maintenir un idéal valable face à ce que tous s'accordent à reconnaître comme une réalité non rédimée... » (« Violence and the Word », *op. cit. supra* note 7, à p.1628).

II) Le défi de Cover : La violence et la parole

> « [La vérité] exclut l'usage de la violence, parce que l'homme n'est pas capable de connaître la vérité absolue et par conséquent n'est pas compétent pour punir » (Gandhi)[132]

> « Les gens de la ville perçoivent l'équation de la parole et du droit, quand la voix puissante de Joe requiert l'obéissance : « V'pouvez sentir une cravache dans sa main quand i'vous parle ». (Elizabeth Meese)[133]

Robert Cover décrit l' « explosion récente des études sur le droit plaçant l'interprétation au coeur de l'entreprise du droit ».[134] En fait, ses propres travaux illustrent éloquemment les études sur le droit comme recherches sur un « univers normatif... soutenu.par... des engagements interprétatifs ».[135] Je me suis appuyée sur l'oeuvre de Cover comme exemplaire de la façon dont les gens élaborent des engagements normatifs dans leurs activités interprétatives.[136] Cependant, dans un essai publié après sa mort, Cover énonce une mise en garde qui devrait rafraîchir l'enthousiasme de ceux d'entre nous qui ont pris le tournant interprétatif en droit. Il prévient que la posture interprétative omet de reconnaître que « l'interprétation juridique intervient dans le champ de la souffrance et de la mort ».[137] Quand les juges interprètent des textes, quelqu'un perd sa liberté, ses biens, ses enfants, voire sa vie.[138] L'interprétation fournit souvent des justificatifs à la violence qui s'est produite ou qui va intervenir.[139] Les juristes qui s'intéressent à l'interprétation ignorent systématiquement ou font disparaître que le droit baigne dans la violence et le contrôle social.[140] « Un monde juridique ne se construit que dans la mesure où il y a des engagements qui impliquent les corps.[141] Le pouvoir

---

132 cité dans Erikson (E.), *Gandhi's Truth*, 1969, p.241.
133 Meese (E.), *Crossing Criticism*, 1986, p.46-47 (citant Zora Neale Hurston) (dans un texte à propos de Hurston (Z.), *Their Eyes Were Watching God*, 1978, p.602).
134 « Violence and the Word », *op. cit. supra* note 7, à p.1601-02 note 2.
135 « *Nomos* and Narrative », *op. cit. supra* note 23, à p.7.
136 Voir notes 23-24.
137 « Violence and the Word », *op. cit. supra* note 7, à p.1601.
138 *ibid.*
139 *ibid.*
140 *ibid.*, à p.1602 note 2.
141 *ibid.*, p.1605.

officiel opère au moyen de la force physique, qu'il en menace ou qu'il l'exerce réellement. Les réponses humaines à cette force expriment aussi des interprétations, allant de l'obéissance à la rébellion, à la résistance et au martyre. Immergés dans la violence de l'Etat même en y répondant, la résistance et le martyre sont des actes interprétatifs, créant des univers normatifs ayant des conséquences juridiques. Cependant ces actes sont ignorés dans les exposés du droit en tant qu'interprétation. Fondamentalement, le droit implante l'interprétation des textes politiques dans les institutions qui exercent le monopole étatique sur la violence légitime : le droit n'organise pas seulement la signification mais aussi le pouvoir.[142] Ainsi, les théoriciens du droit devraient être attentifs non seulement à la rhétorique judiciaire mais aussi à l'action des juges, aux effets réels de celle-ci et à la manière dont le langage et la signification juridique sont inéluctablement liés à des actes accomplis par les institutions.[143]

Cover a raison. Son intuition est bouleversante. Les juges peuvent bien utiliser des mots et interpréter des textes mais leurs mots organisent et justifient les actes de force officiels. Ceux-ci font souffrir certaines personnes et en aident d'autres. La menace de la force et sa mise en oeuvre, présentes derrière les actes judiciaires, brisent l'image de la communauté normative et du dialogue fructueux, que cultivent les travaux sur le droit comme interprétation. La rhétorique, articulée au coeur du déploiement de force sert à rendre plus acceptable ce qui, autrement, aurait pu être rejeté comme nuisible.[144]

Le défi lancé par Cover modifie les termes du débat et pour quelqu'un comme moi, qui est attiré par le tournant interprétatif, il me provoque à reconsidérer et à réévaluer ma position. Les théoriciens du droit peuvent s'être tournés vers la structure interprétative, qui implique une vision

---

[142] *ibid.*, à p.1602 note 2 et à p.1605. Cette intuition peut aussi expliquer que Cover ait été fasciné par la possibilité de rompre le lien entre la dimension normative du droit et son organisation du pouvoir, comme dans la création des tribunaux sans pouvoir officiel. Voir « Folktales of Justice », *op. cit. supra* note 25, à p.200-02.

[143] « Violence and the Word », *op. cit. supra* note 7, à p.1617-18 ; voir aussi « The Bonds of Constitutional Interpretation », *op. cit. supra* note 7, à p.817-31 (description de la structure institutionnelle au sein de laquelle s'inscrit la violence judiciaire).

[144] L'utilisation du droit pour légitimer l'exercice de la force a fait l'objet de nombreuses discussions académiques (voir, par exemple, Genovese (E.), *Roll Jordan, Roll*, 1974, p.25-49 ; Hay (D.), « Property, Authority and the Criminal Law », in id., *Albion's Fatal Tree : Crime and Society in Eighteenth-Century. England*, 1975, p.17, à p.56-63 ; Polanyi (M.), *Personal Knowledge*, 1958, p.222-33 ; Thompson, *op. cit. supra* note 103, à p.258-69) et a suscité la controverse (voir Hyde, « The Concept of Legitimation in the Sociology of Law », in *Wisconsin Law Review*, 1983, p.379.

d'efforts communs pour créer du sens, parce qu'ils voulaient démystifier le droit et le débarrasser de son aura d'objectivité. La structure interprétative, cependant, ouvre la porte au danger d'une nouvelle mystification, une mystification qui pose une aura de conversation feutrée sur des actes officiels de domination et de maîtrise.[145] Cette nouvelle mystification est dangereuse si elle fait perdre de vue un point qui a été mis en valeur, comme l'explique Cover, par de nombreux théoriciens de la société, voire par l'histoire elle-même : « Les personnes qui agissent dans le cadre d'organisations sociales qui exercent l'autorité, agissent violemment sans éprouver les inhibitions normales ou le degré normal d'inhibition, qui régule la conduite de ceux qui agissent de façon autonome ».[146] Les manières selon lesquelles les individus deviennent insensibles à leurs propres démonstrations de force et inflictions de douleur peuvent être particulièrement prononcées quand ils agissent dans le cadre de rôles qui « séparent l'acte d'interprétation – de compréhension de ce qui doit être fait – de la réalisation de ce « devoir être fait » à travers la violence ».[147] Par exemple, notre système juridique assigne à une personne d'imposer une sentence pénale et à une autre la charge de la

[145] Cover note que la violence est intrinsèque à la pratique du droit et du gouvernement. Par exemple, il n'y a pas besoin d'autoriser le gouvernement à pratiquer la violence. De plus, des pouvoirs de violence sont explicitement accordés au gouvernement par des textes, tels que « le pouvoir... de pourvoir à la défense commune » (*Constitution des Etats-Unis*, art.1, § 8, cl.1), « le pouvoir...d'assurer la punition de la contrefaçon... » (*ibid.*, art.1, § 8, cl.6). (« Violence and the Word », *op. cit. supra* note 7, à p.1610 note 22.)

[146] « Violence and the Word », *op. cit. supra* note 7, à p.1615 (discutant des travaux de Stanley Milgram, Anna Freud et Konrad Lorenz) ; voir « Traces of Self-Government », *op. cit. supra note* 52, à p.14-16, 35, 76 ; Sloan, « Death Row Clerk », in *New Republic*, Feb.16, 1987, à p.18 (décrivant le travail des juges de la Cour Suprême et de leurs assistants sur la peine de mort).

[147] « Violence and the Word », *op. cit. supra* note 7, à p.1627 ; voir « Traces of Self-Government », *op. cit. supra* note 52 :

> « Donc, clairement, l'adoption de la posture impériale dans un cas particulier ou une espèce de cas peut et doit en conséquence être un acte responsable. Cependant, il demeure dans cette posture, chaque fois qu'elle est adoptée, un élément de fuite de la responsabilité ou de ce que Robert Cover appelle l' « engagement ». Les standards juridiques « objectifs » semblent absoudre les juges de responsabilité pour le sort des individus parties. Les standards « neutres » semblent absoudre ceux qui les promulguent – quelquefois les juges mêmes qui les appliquent – de responsabilité pour leur contribution à des résultats socialement inégalitaires ou conflictuels. Dès lors, l'engagement d'un juge dans une responsabilité impériale implique aussi un certain refus de l'engagement. C'est le côté pathétique du rôle du juge et son ironie que Robert Cover exprime par l'étiquette ironique qu'il lui donne : « la fonction jurispathique ». (*ibid.*, à p.15 (citations omises).

mettre en oeuvre.[148] L'engagement de tant d'acteurs officiels peut en fait limiter l'exercice de la violence étatique : « Aucun esprit isolé et aucune volonté solitaire généreront les résultats violents qui découlent des engagements interprétatifs ».[149]

Néanmoins, appliquer le langage de l'interprétation à l'action juridique présente un danger, celui d' « exagérer la mesure dans laquelle une interprétation rendue dans le cadre d'un acte de violence étatique peut constituer une signification commune et cohérente ».[150] Le langage de l'interprétation prétend que les juges et les parties en litige partagent un monde, quand, en réalité, l'autorité judiciaire divise irrémédiablement leurs mondes. Cover met aussi en garde contre le grand danger que revêt la rhétorique interprétative si elle permet de dissimuler des différences ou des textes concernant des conflits entre engagements normatifs au sein de communautés ou entre elles, au nom de l'autorité de l'Etat. Un danger équivalent naît si la rhétorique interprétative fait disparaître les moyens de prise contre le pouvoir officiel, éliminant la rhétorique contrastée du conflit social fondamental, de la lutte des classes et du pouvoir hégémonique de l'Etat. Un tournant interprétatif qui met l'accent sur la communauté de liens dans les actes d'interprétation risque de balayer ces points de critique externe en impliquant une communauté interne ou en rejetant les accusations d'exclusion, par l'affirmation d'une inclusion universelle. Ainsi, la façon même que l'interprétation a de répondre à l'accusation que le droit crée le conflit – la réponse qui implique la communauté – peut obscurcir les conflits persistants dans une dispute juridique et au-delà de celle-ci.

Quels sont, dès lors, les conséquences de « Violence and the Word » sur l'approche interprétative du droit ? Cover interprète son propre message comme étant, à la fois, partiellement rassurant et perpétuellement perturbateur.

---

[148] Même au-delà des rôles institutionnels et de la séparation des fonctions, le droit légitime une fuite de responsabilité en accordant « déférence » aux décisions rendues par ceux qui ont le pouvoir et en s'appuyant sur un langage si formel et si distant que ce qui est en jeu demeure éloigné de la vue. Avec des revers de main linguistiques, les avocats et les juges inventent des fictions pour persuader et déguiser ce qu'ils font et les théoriciens du droit justifient l' « utilité » de ces tactiques. L'oeuvre maîtresse est probablement encore Fuller (L.), *Legal Fictions*, 1967, repr. in id., « Legal Fictions » (pts 1-3) , in *Illinois Law Review*, Vol.25, 1930-31, p.363, 513, 877. Pour une étude probante sur le sujet, voir Soifer, « Reviewing Legal Fictions », in *Georgia Law Review*, Vol.20, 1986, p.871.

[149] « Violence and the Word », *op. cit. supra* note 7, p.1628 ; voir Madison (J.), *The Federalist*, N°51 (séparation des pouvoirs de gouvernement entre des départements ayant les moyens de résister aux empiètements des autres afin de protéger la liberté).

[150] « Violence and the Word », *op. cit. supra* note 7, p.1628.

D'un côté :

> « Ce ne serait pas mieux s'il n'y avait qu'une communauté d'argumentation, de lecteurs et d'auteurs de textes, d'interprètes. Tant que la mort et la souffrance feront partie de notre monde politique, il est essentiel qu'ils soient au centre du droit. L'alternative est parfaitement inacceptable – qu'elles soient dans notre vie politique mais en dehors de la discipline des règles de décision *collectives* et des efforts individuels pour produire des résultats au moyen de ces règles.»[151]

Et de l'autre :

> « Aussi longtemps que l'interprétation juridique sera constitutive d'une conduite violente aussi bien que d'une signification, aussi longtemps que les gens seront convaincus d'utiliser les organisations sociales de la violence ou d'y résister en donnant corps à leurs interprétations, il y aura toujours une dimension tragique à la signification commune qui peut être atteinte. »[152]

Parce que le droit implique le contrôle de l'Etat sur la violence organisée, l'interprétation juridique est inextricablement entrelacée de violence. Parce que les gens cherchent à faire que les significations qu'ils retiennent, reçoivent la consécration gouvernementale par leur application dans les formes de la violence officiellement organisées, les traductions juridiques des conflits interpersonnels ou de groupes sont inévitablement en lien avec la violence. Et, parce que ces modèles entourent de violence la fabrication de sens, une signification commune vraiment partagée, ne peut jamais être atteinte. La violence est inéluctablement constitutive du droit et des conflits dans l'arène juridique. Faisant tous mes efforts pour ne pas éluder cette réalité, je veux examiner la grande question que l'oeuvre de Cover soulève quant aux relations de la violence et du droit. Son interrogation n'exige pas d'abandonner la structure interprétative mais nous invite plutôt à l'orienter, avec constance et sens scritique sur les liens qu'entretiennent les significations avec le pouvoir.[153] En ce sens,

---

[151] *ibid.* ; voir « The Bonds of Constitutional Interpretation », *op. cit. supra* note 7, à p.827.

[152] « Violence and the Word », *op. cit. supra* note 7, à p.1629.

[153] L'interprétation, telle que je l'entends ici, devrait être pratiquée en tant que théorie critique, c'est-à-dire autocritique. Voir Guess (R.), *The Ideal of a Critical Theory*, 1981 (développant la théorie critique) ; Ryan (M.), *Marxism and Deconstruction*, 1982 (même chose) ; Thompson (J.), *Critical Hermeneutics : A Study in the Thought of Paul Ricoeur and Jurgen Habermas*, 1981 (même chose) ; Walzer (M.), *Interpretation and Social Criticism*, 1987 (même chose).

j'entends poursuivre au-delà des intuitions de « Violence and the Word » et les développer en employant une méthode interprétative dont l'oeuvre de Robert Cover est un exemple, même si cette méthode contredit ou interprète mal certains aspects de ses affirmations.

A) Les significations de la violence

Il est dangereux de déguiser la violence réellement commandée et sanctionnée par le droit en faisant usage de la rhétorique de la justification offerte par les juges, les érudits et les auteurs interprètes. Cependant, il est également dangereux de traiter toutes les significations juridiques comme réductibles à la violence organisée d'Etat. Les contextes de violence et les relations entre les acteurs et les agences imprègnent le pouvoir officiel d'une grande variété de significations. En particulier, la signification de la violence change quand elle est utilisée pour contrer une autre violence.

Certaines interprétations juridiques aident les gens à poser des limites au pouvoir du gouvernement. De même que tout recours au droit a une manière en quelque sorte fondamentale de confirmer le pouvoir de l'Etat,[154] la création d'un langage normatif pour rationaliser l'exercice du pouvoir étatique peut avoir une double action dans le soutien aux pressions humaines visant à limiter ce pouvoir.[155] Le langage juridique a une force. Il déclenche et justifie à la fois le pouvoir. Mais, précisément, parce que le langage n'est pas identique au pouvoir, les gens peuvent parfois l'utiliser pour restreindre le pouvoir.[156] Quelle que soit l'action qui suivra une décision judiciaire, la décision et sa motivation, à la différence de la force brute, permettent des interprétations et des réinterprétations

---

[154] Voir, par exemple, Gabel & Harris, « Building Power and Breaking Images : Critical Legal Theory and the Practice of Law, in *New York University Review of Law and Social Change*, Vol.11, 1982-83, p.369, à p.375 ; Kennedy, « Critical Labor Law Theory : A Comment », in *Industrial Relations Law Journal*, Vol.4, 1981, p.503, à p.504. Mais voir Fiss, « Why the State ? », in *Harvard Law Review*, Vol.100, 1987, p.781 (arguant que l'engagement de l'Etat dans l'application du Premier amendement n'est que l'alternative aux dangers de l'oppression des plus nombreux sur les moins nombreux.

[155] De même, un parent qui offre une justification à son action, fournit à l'enfant une base pour contester son agir ultérieur : « Mais tu as dit que... ».

[156] Il y a un débat à propos du type de pouvoir contraignant, indépendant, que peut produire la rhétorique juridique – ou morale – inventée ou invoquée pour justifier l'exercice de la force. Comparer, Rembar (C.), *The Law of the Land : The Evolution of Our Legal System*, 1980, p.212 (la *common law* permettait au roi d'élargir la compétence royale – mais la *common law* contraignait aussi le roi « parce que la suprématie de la *common law* [était] une suprématie qui s'imposait à tous, y compris le monarque lui-même. Les rois avaient créé un monstre pour se faire dévorer ») avec Polianyi (M.), *Personal Knowledge*, 1958, p.226-27 (le langage de la morale accompagne le pouvoir dans toutes les sociétés complexes mais survit rarement à l'indépendance).

ultérieures. La signification introduite par le langage juridique justificatif ajoute de la signification à la violence judiciaire et ouvre en même temps des perspectives pour la critiquer.

La violence judiciaire peut désigner la force et le pouvoir utilisés pour mettre en oeuvre la régulation étatique. Une part de cette violence peut détruire des activités ou des significations privées – mais, comme l'écrit Cover, « très souvent la balance de la terreur en la matière correspond à ce que je souhaite ».[157] Une certaine violence judiciaire peut renforcer les modes de domination et d'exclusion qui existent par ailleurs dans la société. Là, la signification de la violence judiciaire épouse les préjugés des factions privées. Donc, la violence ordonnée par l'Etat prend des significations différentes dans des contextes différents.

Cependant l'inaction judiciaire peut être violente.[158] Aussi serait-ce une erreur de la traiter comme toujours préférable à l'action. Les juges font violence lorsqu'ils se font sourds aux appels en matière de violence conjugale ou de maltraitance d'enfant par crainte de porter atteinte – de faire violence – aux liens familiaux. Les juges font violence lorsqu'ils laissent subsister un système négligent pour fournir des soins de substitution lorsque les parents sont défaillants et exposent des enfants dépendants à un risque de violence physique ou de dommage émotionnel.[159] La focalisation sur les actes judiciaires comme lien entre signification juridique et violence juridique ne devrait pas faire oublier la présence constante du contrôle juridique et de la force étatique dans la vie à la fois des enfants et des adultes. Il se peut que la violence tolérée par l'Etat et celle ordonnée par lui diffèrent mais l'interprétation de ce que l'une et l'autre signifient, révèle le fait commun de la violence.

---

[157] « Violence and the Word », *op. cit. supra* note 7, à p.1608. Cover poursuit : « Mais je ne veux pas que nous prétendions que notre discours par lui-même convainc les prisonniers de se laisser enfermer ». (*ibid.*)

[158] Cover est attentif à cela dans son essai dans la revue georgienne mais il met aussi l'accent sur les faits du citoyen en tant qu'actions nécessairement violentes, qui véhiculent des significations offertes à l'interprétation :

> « En droit, être un interprète, c'est être une force, un acteur qui crée des effets malgré ou en face de la violence. S'arrêter avant de supporter ou d'infliger la violence, c'est abandonner le droit à ceux qui sont prêts à le faire. L'Etat est organisé pour vaincre le scrupule et la peur. Ses représentants agiront de la sorte. Tous les autres ne sont que des signataires de pétitions, s'ils ne sont pas prêts à contre-attaquer. »

(« The Bonds of Constitutional Interpretation », in *op. cit. supra* note 7, à p.833.

[159] Voir, par exemple, Wooden (K.), *Weeping in the Playtime of Others : America's Incarcerated Children*, 1976, p.47-57 (décrivant l'itinéraire lamentable de Charles Manson à travers les arrangements de placements temporaires et les institutions, pendant son enfance.

Les autorités privées exercent aussi le pouvoir et la violence. Les significations de la violence privée peuvent et doivent aussi être matière à interprétation ; l'interprétation peut exposer la violence qui a été cachée sous d'autres étiquettes. Certaines actions des parents, des maris, des responsables scolaires, des créanciers, des gangs, des meurtriers et des dirigeants d'entreprises s'avèrent, à l'analyse, être indénialement violentes.[160] Mais, les contextes privés et les significations symboliques de ces actions peuvent dissimuler comment de telles personnes commettent des actions de violence et quelles sont leurs victimes. Les enfants sont, trop souvent, les victimes inconnues. Les parents, les professeurs, les voisins, les étrangers exercent un contrôle physique et émotionnel sur les enfants et quelquefois leur font subir une grande violence. Ces autorités souvent abusent des enfants, les négligent ou les blessent, alors qu'ils agissent au sein même des communautés que Cover et moi-même valoriserions pour leur capacité à générer des engagements normatifs en dehors de l'Etat.[161] L'exploration par Cover de l'organisation du pouvoir et du sens est pertinente non seulement en ce qui concerne le droit mais aussi pour les autres domaines où l'autorité s'exerce tels que les familles, les communautés et les écoles.[162]

D'autres types de violence privée représentent des réponses au pouvoir d'Etat et aux actions étatiques. Au coeur des luttes sociales et politiques, les actes de violence contre les biens et même contre les personnes peuvent être porteurs de significations qui expriment de nouveaux engagements normatifs, des significations qui peuvent être à la racine de nouveaux droits. Dans une certaine mesure, ces actes de violence privée

---

[160] Voir Hale, « Law Making by Unofficial Minorities », in *Columbia Law Review*, Vol.20, 1920, p.451 (explorant le pouvoir exercé par les groupes privés imposant des contraintes comparables à celles exercées par la puissance publique ; Lynd, « Towards a Not-for-Profit Economy : Public Development Authorities for Acquisition and Use of Industrial Property », in *Harvard Civil Rights – Civil Liberties Law Review*, Vol.22, 1987, p.13, à p.16-24 (décrivant les communautés détruites par les fermetures d'usines).

[161] Voir Curry & Riley, « Notes on Church-State Affairs, in *Journal of Church and State*, Vol.26, 1984, p.561, à p.587-88 (l'intervention de l'Etat dans les affaires internes de l'Eglise de la Communauté du Royaume du Nord-Est à propos d'accusations de maltraitance sur enfants) ; Note, House of Judah : « The Problem of Child Abuse and Neglect in Communes and Cults », in *University of Michigan J. L. Ref.*, Vol.18, 1985, p.1089 (l'intervention de l'Etat dans un culte religieux à la suite d'accusations de maltraitance et de négligence d'enfant).

[162] Dans le même sens, Roberto Unger a écrit : « [L]a famille est une structure de pouvoir, ennoblie par le sentiment. A la fois comme sentiment et comme pouvoir, elle répudie le règne du droit. Si la famille n'était que sentiment, elle se désintégrerait, parce que sous cet aspect le sentiment est précaire et informel. Si la famille était force brute, non adoucie par le sentiment, elle ne mériterait pas d'être sauvegardée. L'union rédemptrice de l'autorité et de l'affection fournissent l'alternative à l'ordonnancement juridique ou tout au moins contractuel ».(Unger, *op. cit. supra* note 25, à p.624.)

doivent être jugés de la même façon que la violence officielle. Les jugements, dans l'un et l'autre cas, devraient (sans s'arrêter à cela) inclure des efforts pour interpréter la signification de la violence pour ceux qu'elle frappe. Les dimensions potentiellement violentes du pouvoir privé peuvent accompagner des efforts pour créer de nouvelles significations, des significations qui peuvent même être pertinentes pour critiquer la puissance publique.

Dans le même temps, les responsables officiels peuvent se lancer dans des activités interprétatives qui défient les exercices de pouvoir privé. Ce faisant, ils génèrent des normes qui modifient les significations de la puissance publique. « Quand ils contestent la violence et la coercition imposées par les autres organes de l'Etat, les juges commencent à ressembler davantage aux autres communautés créatrices de droit (« *jurisgenerative* ») du monde », écrit Cover.[163] Les contextes sociaux et historiques ont leur importance dans l'interprétation des significations de la violence publique et privée. Pour interpréter ces significations, nous devons nous demander : « A quoi répond cette violence ? Quelles significations expresses et symboliques véhicule-elle ? Comment l'inaction laisserait-elle incontestées les autres sources de violence ? ».

Explorer les significations de la violence, c'est reconnaître que les paroles et les pensées aident à constituer un monde. Cela ne signifie pas oublier comment les faits réels de violence déchirent et détruisent des parties du monde. Explorer les significations de la violence, c'est parier que la violence elle-même est rendue plus ou moins possible par des modèles de signification ; que certains types de gens deviennent victimes de la violence, en partie, parce que les significations sociales s'avèrent incapables de contenir la violence et que la violence commise au nom de l'Etat peut, pour une part, se comprendre et peut être canalisée par une attention très vigilante apportée à ses significations.

Les efforts accrus pour exposer la violence et développer des compréhensions meilleures de ses formes publiques et privées sont risqués. Il y a danger à séparer les significations culturelles de l'autorité publique et privée des actes de violence purs. Il y a danger que l'autorité soit incapable de revendiquer ainsi une obéissance spontanée. Il y a danger de perturber des compréhensions apparemment installées à propos de ce qu'est le pouvoir, qui l'a et qui ne l'a pas – et le risque de nouveaux types de luttes à propos des significations du pouvoir et de la violence. Mais il nous faut assumer ces craintes. Nommer la violence à l'intérieur et

---

163 « *Nomos* and Narrative », *op. cit. supra* note 23, à p 57-58.

à l'extérieur des tribunaux porte témoignage de celle-ci et maintient la possibilité de la juger. La rhétorique juridique, les normes juridiques séparées des instances particulières qui les énoncent, peuvent aider à nommer et à défier la violence publique et privée. « Le droit relie « la réalité » à une alternative qui constitue une réalité nouvelle au moyen d'un pont construit par la conduite sociale, engagée. »[164]

B) Le pouvoir des significations

« Violence and the Word » nous rappelle, sans cesse, que les paroles ne suppriment pas la violence. Les paroles judiciaires peuvent aseptiser ou domestiquer la violence. Mais après qu'une décision judiciaire ait été rendue, des gens sont jetés en prison, condamnés à vendre leur entreprise, forcés de se séparer de leurs enfants ou sous le coup d'une condamnation à mort. Les paroles ne devraient pas travestir ces faits. Mais ces faits ne devraient pas non plus déguiser le pouvoir des paroles. Il peut y avoir une différence importante entre une interprétation juridique et la violence commise au nom du droit. Parce que nous utilisons les symboles juridiques pour produire du sens, notre interprétation de ces symboles peut s'opposer à d'autres types de pouvoir. Le langage juridique lui-même a du pouvoir.[165]

Le langage sans lien avec le pouvoir officiel peut faire violence. La pornographie peut dégrader des individus isolés. Elle peut associer l'intimité sexuelle à la brutalité et inciter directement ou indirectement à la violence.[166] Les étiquettes assignées par les professionnels de santé

---

[164] « Folktales of Justice », in *op. cit. supra* note 25, à p.181 (sans la note).

[165] Cf. Edelman (M.), *Political Language : Words That Succeed and Policies That Fail*, 1977 (explorant comment le langage influe sur les politiques publiques et la politique) ; Foucault (M.), *The Discourse on Language*, in id., *L'archéologie du savoir* [trad. en anglais de 1972] (sur la formation de la conscience par le discours et sur le discours comme vecteur de l'autorité) ; Stone (D.), « The Strategic Uses of Causation in Problem Definition 2 » (communication non publiée, présentée à la Conférence sur la Définition des Problèmes en matière de Politique Publique, Brown University, 16-18 oct. 1986 (définissant la « définition de problème » comme une lutte entre acteurs politiques pour contrôler les interprétations et les symboles) ; voir aussi Irigaray (L.), *Ce sexe qui n'en est pas un* (*The Sex Which is Not One*, trad. par C. Porter, 1985), tentative pour remplacer le langage et la pensée centrés sur le masculin ; Medvedev (P.) & Bakhtin (M.) ; *The Formal Method in Literary Scholarship*, trad. A. Werhle, 1978 (le langage comme lieu de confrontation idéologique non réductible cependant aux intérêts matériels).

[166] Voir Hommel, « Images of Women in Pornography and Media », in *New York University Review of Law and Social Change*, Vol.8, 1978-79, p.207 ; Jacobs, « Patterns of Violence : A Feminist Perspective on the Regulation of Pornography », in *Harvard's Women's Law Journal*, Vol.7, 1984, p.5 ; Symposium « Pornography, Social Science, Legal, and Clinical Perspectives », in *Law and Inequality*, Vol.4, 1986, P.17 ; Sunstein, « Pornography and the First Amendment », in *Duke Law Review*, 1986, p.589 ; Zillmann & Bryant, « Pornography,

peuvent désigner des individus au mépris des autres et aux violences physiques et émotionnelles qui peuvent en découler.[167] Quand des enfants sont impliqués, l'utilisation de paroles par des adultes peut infliger une violence directe ou indirecte. Une école peut étiqueter un enfant sur la base de tests médicaux ou éducatifs, avec des conséquences dévastatrices pour l'estime de soi de l'enfant, sa réussite à venir et l'exposer aux mauvais traitements de ses pairs.[168] La pornographie impliquant des enfants soumet des enfants isolés à une violence réelle et utilise leur image pour avilir et dégrader tous les enfants.[169] Ce ne sont que des

---

Sexual Callousness and the Trivialization of Rape », in *J. Comm.*, vol..32, 1982, p.10. Mais aussi « Making Sense of Research on Pornography », in Burstyn (V.) (ed.), *Women Against Censorship*, 1985 (dressant une liste de points de vue autres).
La cour de circuit qui a rejeté l'ordonnance de l'Indiana sur la pornographie a néanmoins reconnu que les scènes de subordination tendent à perpétuer celle-ci. Le statut subordonné de la femme conduit à son tour aux humiliations et aux salaires inférieurs dans la vie professionnelle, aux insultes et aux coups à la maison, aux attaques et aux viols dans la rue ». (*American Booksellers Association v. Hudnut*, 771 F.2d (1985), p.323, à p.329 [affirmant que l'ordonnance sur la pornographie de l'Indiana viole le Premier amendement].) La cour ajoute : « En disant que nous acceptons la découverte que la pornographie telle que l'ordonnance la définit, produit des conséquences malheureuses, nous ne voulons que constater qu'il y a des preuves en ce sens, que ces preuves sont cohérentes avec une expérience humaine assez étendue et que, comme juges, nous devons accepter la résolution par le législateur de telles questions empiriques, controversées ». (*ibid.*, à p.129 note 2). Voir en général, Russell, « Pornography and Violence : What Does the New Research Say ? », in Lederer (L.), ed., *Take Back the Night : Women on Pornography*, 1980, p.218 (compte-rendu d'études) ; « Selected Bibliography on Pornography and Violence », in *University of Pittsburgh Law Review*, Vol.40, 1979, p.652, à p.658-60 (liste d'études sur la pornographie et la violence).

[167] Scheff (T.), *Being Mentally Ill*, 1966, p.87 (les personnes une fois étiquetées sont contraintes à un rôle social qui produit l'ostracisme ; Gould (S.), *The Mismeasure of Man*, 1981, p.158-233 (sur la stérilisation et les mauvais traitements infligés aux personnes étiquetées mentalement retardées) ; Gould, « Carrie Buck's Daughter », in *Constitutional Commentary*, Vol.2, 1985, p.331 (même chose). La théorie de l'étiquetage suggère que des changements dans les attitudes publiques sur la condition étiquetée affectent dramatiquement les conséquences de l'étiquetage. Voir Gove, « Labelling and Mental Illness. A Critique », in Gove (W.), *The Labelling of Deviance*, 2nd ed., 1980, p.85-86 (Changer les attitudes publiques envers la maladie mentale et son traitement diminue la victimisation qui résulte de l'étiquetage). Voir en général, « When Difference Has Its Home », *op. cit. supra* note 15 (sur la théorie de l'étiquetage et les approches alternatives au traitement de la différence).

[168] Handler (J.), *The Conditions of Discretion, Autonomy, Community, Bureaucracy*, 1986, p.80-82 (recommandant d'utiliser des étiquettes fonctionnelles pour l'éducation spécialisée parce que les étiquettes de handicap ont des effets potentiellement dangereux sur les enfants et ne les relient pas à des programmes spécifiques. Voir en général, Gove (W.), *The Labelling of Deviance*, *op. cit. supra* note 167 (évaluant la théorie sociologique de l'étiquetage, pour laquelle l'assignation d'une étiquette de déviance en elle-même peut être préjudiciable) ; Page (R.), *Stigma*, 1984 (explorant le concept de stigmate en relation avec les étiquettes attribuées).

[169] Voir *New York v. Ferber*, 458 U.S. (1982), p.747, à p.758 (rejetant le défi du Premier amendement à la législation contre la pornographie impliquant des enfants et citant des études sur le mal fait aux enfants) ; voir aussi O'Brien (S), *Child Pornography*, 1983

exemples pour illustrer une thèse plus générale. La rhétorique est liée à l'action et au pouvoir.[170]

Dans chacune de ces instances, une réinterprétation des revendications juridiques, existantes a défié avec succès les pratiques qui prévalaient. Les procureurs ont examiné des pratiques disciplinaires de parents et de communautés religieuses ;[171] des plaideurs et des législateurs ont inventé des procédures participatives pour contrôler l'assignation d'étiquettes à de élèves [172] et des défis devant les tribunaux ont restreint la pornographie impliquant des enfants,[173] ainsi que les exclusions d'accès à l'éducation.[174] Le travail interprétatif, appliqué à des relations autorisées ou ignorées par le droit, peut fournir des armes critiques contre la violence faite aux enfants. La force publique à l'assaut de la force privée demeure la force mais les normes invoquées publiquement peuvent exposer certains types de violence à l'examen et au débat.

Les revendications de droits montées dans chaque contexte peuvent en elles-mêmes provoquer la violence. Il est certain que les enquêtes publiques, les procédures mandatées et la prohibition de l'activité commerciale limitent les libertés individuelles, quelquefois de façon excessive et quelquefois à tort. Mais le choix, dans chaque cas, n'est pas entre violence et non violence mais entre violence privée et violence publique. Reprenant un thème développé plus tôt dans cet essai, je

(passant en revue la fréquence, l'information sur les auteurs, les symptômes et les effets sur les enfants) ; cf. Cline, Croft & Courrier, « The Desensitization of Children to TV Violence », in Cline (V.), *Where Do You Draw the Line ?*, 1974, p.147 (les effets du spectacle de la violence à la télévision sur les attitudes des enfants).

[170] Ceci est dû, au moins en partie, au fait que les gens utilisent le langage pour s'exprimer quand ils exercent l'autorité ou s'opposent à elle. Même des élaborations très techniques de théorie linguistique et de théorie littéraire manifestent et mettent en oeuvre des conflits de pouvoir. Voir en général, Dallmayr (F.), *op. cit. supra* note 106 ; Eagleton (T.), *Literary Theory*, 1983 ; Foucault (M.), *Power/ Knowledge*, C. Gordon, ed., 1980, p.78-108. Une autre opinion met l'accent sur le fait que les gens se créent eux-mêmes et créent leurs propres significations à travers le langage particulier qu'ils utilisent. Voir, par exemple, Radin, « Market Inalienability », in *Harvard Law Review*, Vol.100, 1987 ; voir aussi Wittgenstein (L.), *Blue and Brown Books*, 1958, P.25-27 (décrivant les difficultés à percevoir le langage comme impliquant l'application de règles).

[171] Voir *op. cit.supra* note 161.

[172] Voir *Mills v. Board of Education*, 348 F. Supp. 866 (D.D.C.1972) ; *Pennsylvania Association for Retarded Children v. Pennsylvania*, 343 F. Supp. 279 (E.D.Pa 1972) ; *Education of the Handicapped Act*, 20 U.S.C. §§ 1400-61 (1982) ; voir aussi *Hobson v. Hansen*, 269 F. Supp. 401 (D.D.C.1967).

[173] *New York v. Ferber*, 458 U.S. (1982), p.747, à p.758.

[174] Voir *Bob Jones University v. United States*, 461 U.S. (1983) p.574 (refusant le bénéfice d'un avantage fiscal à une université pratiquant la discrimination raciale) ; *Brown v. Board of Education*, 347 U.S. (1954), p.483.

suggère que la rhétorique des droits ne crée pas le conflit mais plutôt qu'elle accompagne la violence publique utilisée pour s'opposer à la violence privée. De cette façon, le droit peut faire pencher la balance du pouvoir dans une situation déjà violente. En suscitant la possibilité d'engagements communs face aux divisions réelles de la communauté, les revendications des droits introduisent aussi quelque chose au-delà de la violence. En parlant de toutes ces choses, nous présentons à la fois la violence juridique et la violence extra-juridique pour ce qu'elles sont et en parlant nous élargissons la capacité humaine à être ce que nous pourrions être.[175] Le langage existe cependant à l'intérieur d'un monde « différencié », un monde de conflits et d'oppositions.[176] Le langage, non seulement peut exprimer et confirmer le pouvoir, mais il peut aussi le défier.[177]

Je suis encouragée encore à arguer que le pouvoir du langage peut être utilisé pour défier même la violence du pouvoir officiel, étatique, par l'exemple du pouvoir des paroles pour contrer l'indifférence à l'égard de la violence officielle dans « Violence and the Word » de Robert Cover.[178] L'essai de Cover offre une voie pour exposer la violence et en développer une compréhension plus élaborée. Cover met en lumière les points de connexion entre les actes judiciaires qui créent de la signification juridique et les actes judiciaires qui font entrer en action les outils de la

---

[175] Voir Arendt (H.), *The Human Condition*, 1958, p.175-81 (parler nous rend plus humains).

[176] Terdimen (R.), *Discourse/Counterdiscourse : The Theory and Practice of Symbolic Resistance in Nineteenth-Century France*, 1985, p.15.

[177] La signification, pour les groupes opprimés de revendiquer voix au chapitre est un sujet largement discuté. Voir, par exemple, Hooks (B.), *Feminist Theory From Margin to Center*, 1984 ; Garner (S.), Kahane (C.) & Sprengnether (M.), eds., *The [M]other Tongue. Essays in Feminist Psychoanalytic Interpretation*, 1985. Un pouvoir important du langage est la faculté de se nommer et de nommer son expérience : Freire (P.), *Pedagogy of the Oppressed*, 1970, p.11, 88, 119. « L'expérience humaine ne peut pas être silencieuse ni se nourrir de paroles fausses mais de paroles vraies, avec lesquelles les hommes transforment le monde. Exister humainement, c'est *nommer* le monde pour le changer » (*ibid.*, à p.76). Cette perspective a beaucoup signifié tant pour les femmes que pour les hommes. Voir Zurston (Z.), *The Eyes Were Watching God* (1937) ; Le Guin, « She Unnames Them », in *The New Yorker*, Jan.21, 1985, à p.27 (Eve retire les noms qu'Adam a donnés et libère les créatures). Voir en général, Noonan (J.), *Persons and Masks of the Law*, 1976, *op. cit. supra* note 80, à p.6-12 (les conséquences de l'attribution de noms ou d'étiquettes dans la doctrine juridique) ; Felstiner, Abel & Sarat, « The Emergence and Transformation of Disputes : Naming, Blaming, Claiming... », in *Law and Society Review*, Vol.15, 1980-81, p.631 (la relation entre les paroles et le pouvoir dans la construction des litiges).

[178] Il se peut que ce soit davantage que l'indifférence qui doive être secouée. Comme Richard Sennett l'a noté : « Ce que les gens sont prêts à croire, n'est pas simplement une question de la crédibilité ou de la légitimité des idées, des règles et des personnes qui se présentent. C'est aussi une question de leur propre besoin de croire ». (Sennett (R.), *Authority*, 1980, p.25.)

violence officielle. La poursuite de l'exploration de ces points de contact pourrait réactiver la circulation interrompue lorsque les juristes séparent interprétation et mise en oeuvre. Le juge dépend de la coopération de la police, du directeur de la prison et du gardien, même lorsqu'ils dépendent, à leur tour du juge pour la légitimité de la force qu'ils exercent. Les théoriciens du droit pourraient détailler ces processus d'interdépendance, montrant comment les individus dans le système rentrent chacun chez soi le soir en se sentant relativement sans pouvoir, alors qu'ensemble ils déploient une force énorme. Les paroles à propos de la signification de la violence peuvent aiguiser les angles de la critique, susciter la vigilance et soutenir des actes de témoignage qui pourraient mieux obliger ceux qui sont au pouvoir, à rendre des comptes.

De même, les théoriciens pourraient chercher à contraindre les autorités à rendre des comptes et promouvoir des bases de résistance en nourrissant des aspirations à développer des engagements normatifs à travers les actes interprétatifs, officiels. Bâtir une réserve de rhétorique avalisée par le pouvoir étatique peut accroître les ressources disponibles pour contrer ce pouvoir même quand cette rhétorique est initialement « liée » aux actes de domination et aux outils de mise en oeuvre de ce pouvoir.[179] Une fois construit et officiellement admis, le langage normatif peut s'affranchir de ses usages passés et se retourner en limites contre ses auteurs, ne serait-ce qu'à travers leur autolimitation, honteuse ou courageuse.[180] Dworkin semble avoir eu cela à l'esprit quand il décrit comment « l'interprétation est en partie une question de justice », parce qu'elle soumet les pratiques bien établies aux assertions critiques face à un changement de conditions.[181]

Gandhi, par exemple, avait recours aux normes de conduite énoncées par les Britanniques. Ce recours, à lui seul, ne pouvait pas contraindre l'Empire britannique mais il aidait à soutenir les arguments en faveur d'une autolimitation britannique. Martin Luther King pouvait s'opposer à la ségrégation raciale et à la suprématie blanche dans les autobus, les écoles et les espaces publics en se joignant aux efforts de l'Association Nationale pour l'Avancement des Gens de Couleur (NAACP) pour invoquer le pouvoir de la Constitution, des tribunaux et de la doctrine de

---

179 « Violence and the Word », *op. cit. supra* note 7, à p.1617-18 (l'interprétation juridique est une forme d'interprétation liée, liée à la fois à l'application pratique [les actes qu'elle implique] et à l'écologie des rôles juridictionnels [les conditions de domination effective]).

180 Thompson (E. P.), *op. cit. supra* note 103, à p.258-69.

181 Voir Dworkin (R.), *op. cit. supra* note 22, à p.204 ; voir aussi Walzer (M.), *op. cit. supra* note 153, à p.38-48 (l'interprétation comme critique sociale qui exige l'appartenance).

l'égale protection.[182] La tradition représentée par l' « égale protection » captait l'héritage des luttes antérieures en vue d'élargir les groupes accueillis et inclus dans la société. Ces paroles, chargées d'histoire, restent ouvertes pour être investies d'autres significations d'inclusion encore. Auparavant, la rhétorique juridique entonnée par les activistes des droits civiques avait été utilisée pour justifier le pouvoir officiel et même la violence officielle et l'exclusion.[183] Libérée de ses origines, cependant, la rhétorique des droits peut faire flotter la bannière de l'assaut contre la violence officielle.

Ce tribut à la rhéorique des droits ne devrait pas dissimuler comment la violence officielle expliquée par la rhétorique judiciaire fait violence. Mais le pouvoir exercé en silence, est encore moins susceptible de connaître des limites, parce que le silence, s'il est parfois éloquent, peut rarement défier le pouvoir. Le langage, qui accompagne le pouvoir, permet aux sans pouvoirs de défier le pouvoir. Sans le langage et particulièrement sans le langage reconnu par ceux qui ont du pouvoir, ceux qui s'opposent ou résistent au pouvoir sont désarmés.

Sachant cela, les puissants utilisent parfois leur pouvoir pour détruire même la possibilité du langage. « Violence and the Word » tire les interprétations qui s'imposent du silence induit par la souffrance et la torture dans le livre d'Elaine Scarry, *The Body in Pain*.[184] Scarry décrit, avec des mots, la souffrance qui « non seulement résiste au langage mais le détruit activement, conduisant à un retour immédiat à un état antérieur au langage, aux sons et aux cris qu'un être humain laisse échapper avant d'avoir appris le langage.[185] Mais avec ses mots sur la douleur, Scarry brise un silence et aussi montre comment le silence est souvent produit par la souffrance. Et en faisant intervenir la parole là où il y a eu silence, Scarry défie le pouvoir qui produit le silence même sur le silence.

Dans « Violence and the Word », Cover utilise le langage de Scarry pour lancer sa propre exploration éloquente du champ de la souffrance et de la mort où prend place l'interprétation juridique. Ce n'est pas un abandon de

---

[182] Voir Kluger (R.), *Simple Justice*, 1976.
[183] Voir *Korematsu v. United States*, 323 U.S. (1944), p.214 (approuvant la détention de résidents japonais et de citoyens américains d'ascendance japonaise).
[184] « Violence and the Word », *op. cit. supra* note 7, p.1602-03 et les notes 3-6 (citant Scarry (E.), *The Body in Pain*, 1985, p.29, 56-58. L'ouvrage de Scarry porte consciemment sur « la façon dont nous nous rendons accesssibles les uns aux autres à travers les artefacts verbaux et matériels » et sur « la construction et la destruction du monde ». (Scarrry (E.), *op. cit. supra*, à p.22, 23.)
[185] Scarry (E.), *op. cit. supra* note 184, à p.4.

l'interprétation en tant qu'entreprise ou en tant qu'icône normative humaines. Il montre plutôt comment les outils du langage et les recherches de sens peuvent être employés pour saisir des portions du monde qui se situent en général au-delà des mots. Les nouvelles formes de violence perpétrées par l'Etat échappent tout d'abord aux mots[186] mais de nouveaux mots à propos de la violence peuvent perturber des conversations complaisantes. Les tactiques pour résister à la violence officielle incluent alors l'exposé en détail des déguisements du pouvoir et des déguisements de la violence.[187] Le discours du droit peut être ravageur et les mots peuvent secouer le monde.

Une tactique proche est d'élaborer les justifications dont font usage les auteurs juridiques pour donner à ces significations du mordant pour leur emploi critique ultérieur. Une façon de le faire est de parler des droits comme termes interprétatifs dans un dialogue poursuivi globalement au sein de la société. Cependant, en maintenant cela, j'engage les deux parties de cet essai, pas seulement en conversation – dans un échange sympathique – mais dans un désaccord enflammé. « Violence and the Word » lance un défi fondamental à la première partie de cet article. Si, comme je le crois, Cover a raison et la violence infligée par le juge menace de détruire les liens normatifs entre le juge et ceux qui comparaissent devant la cour, que reste-il encore, si jamais il reste quelque chose, à sauver de la conception de la communauté interprétative dans le langage des droits ? Cette question gagne une signification supplémentaire quand elle est appréhendée dans une vision plus large qui ne se concentre pas seulement sur la violence imposée par le juge mais concerne également la brutalité des parties. Les plaideurs utilisent le pouvoir judiciaire pour se faire du mal l'un à l'autre ; la métaphore de la bataille, en dépit des aspirations de Milner Ball[188] est souvent tout à fait

---

[186] Ce peut être parce qu'elles sont secrètes – bombardements secrets, armes secrètes non identifiées, arsenaux nucléaires secrets – et peut-être parce qu'elles sont insondables.

[187] Peut être le problème est-il que le pouvoir, officiel ou officieux, peut produire de la violence et de la signification ou les deux et que la création de significations idéologiques qui travestissent la violence suscite la confusion. Voir Ricoeur (P.), *Lectures on Ideology and Utopia*, Taylor (G.), ed., 1986 (à propos de la légitimation et de l'identité sociale produites par l'idéologie). L'oeuvre de Michel Foucault est consacrée à l'exposé des modèles de pouvoir, déguisés par les significations sociales, établies. Voir, par exemple, Foucault (M.), *Discipline and Punish*, 1971 (interprétant des pratiques historiques, spécifiques de contrôle social et de châtiment) ; id., *Power/Knowledge*, *op. cit. supra* note 170, à p.78-108 (expliquant ses buts et ses méthodes) ; id., *The History of Sexuality*, 1978 (rapportant des discussions sur le sexe à la domination sociale). Ce type de travail interprétatif peut aussi aider dans la résistance à la violence officielle en exposant ses mécanismes subtils du fonctionnement.

[188] Voir Ball (M.), *op. cit. supra* note 21, à p.132-33.

adaptée à l'expérience des litiges.[189] Les parties invoquent le pouvoir de la cour pour résoudre leurs conflits comme les enfants se tournent vers leurs parents pour régler leurs désaccords avec leurs frères et soeurs ou leurs amis. Le langage juridique, comme le suggère le tournant interprétatif, traduit le conflit mais n'est pas à l'origine de celui-ci ; cependant la traduction peut ajouter ou soustraire à la signification du conflit et même la transformer. Les conflits sont antérieurs à l'invocation de l'autorité mais cette invocation transforme le conflit et menace d'une nouvelle source de coercition.[190] Néammoins, une espèce de communauté peut se développer même dans la situation de litige : la communauté des plaideurs devant le droit.

C) Qui est devant le droit ?

Les plaideurs, tout comme les juges, s'engagent dans la rhétorique des droits et la dimension normative de cet engagement mérite l'attention. Une signification potentielle de la violence judiciaire est la menace de châtiment si une partie refuse de comparaître, d'argumenter ou de se soumettre au jugement. La contrainte à participer est certainement une coercition. Sa présence peut tout à fait déformer la communication qui s'installerait sinon. L'alternative cependant peut être le silence ou la continuation du conflit. Le discours juridique crée véritablement un monde commun à l'intérieur de la salle d'audience. Le discours juridique convertit le conflit physique, économique et psychique en espèces verbales à dimension physique, économique et psychologique. La signification des droits comme instruments de langage commun, cependant liés à la violence officielle, prend de l'importance dans ce contexte.

Qu'arrive-t-il aux plaideurs devant un tribunal ? Le risque de contrainte judiciaire reste présent à travers tout leur échange. Néanmoins c'est une sorte de pouvoir indirect, dont les parties elles-mêmes peuvent se servir. Les plaideurs peuvent revendiquer que le juge fasse usage de son pouvoir et exiger que la partie opposée participe au processus.

---

[189] Voir id., *The Good Mother*, 1986 (roman détaillant les dommages infligés à la mère et aux relations familiales pendant les litiges sur la garde des enfants).

[190] La signification de la violence judiciaire, cependant, peut très bien différer de façon importante et de différentes manières, quand l'une des parties recourant au pouvoir judiciaire est elle-même l'Etat. « Violence and the Word » de Cover utilise le droit pénal comme point focal dominant et, en conséquence, envisage des situations où l'invocation par l'Etat de la violence est plus évidente et plus forte.

« Violence and the Word » de Robert Cover s'intéresse principalement au pouvoir que déclenchent les juges et au lien inévitable entre celui-ci et tout langage de sens que le juge prononce. Le langage juridique utilisé par les parties et leurs avocats peut véhiculer une signification tout à fait différente dans leurs vies. Il peut exprimer des titres (« *entitlements* », droits) qui n'étaient qu'obscurément perçus auparavant. Il peut aider chaque partie à reconnaître qu'il y a un autre côté à l'histoire. Peut-être l'égalité du discours juridique s'effectue-t-elle moins à travers l'égale participation dans la création de signification juridique que dans l'expérience partagée de la menace de la violence judiciaire. Plutôt que de comparer les enfants devant un tribunal à des adultes, nous pourrions envisager comment le procès réduit toutes les parties au statut d'enfants, sans pouvoir mais plaidant devant une autorité imparfaite. Les risques posés par la violence juridique peuvent obliger les plaideurs à accepter de nouvelles perspectives sur ce qui a une signification pour eux ou sur ce qui compte le plus. Quand le roi Salomon brandit cruellement une épée, il invite ou incite à un changement dans la compréhension qu'ont d'elles-mêmes les deux femmes devant son tribunal, qui se battent à propos d'un enfant. Plutôt que de voir Salomon diviser l'enfant en deux, une femme abandonne sa prétention à en avoir la garde et demande que sa vie soit préservée ; ce mouvement du coeur conduit Salomon à déclarer que cette femme est sa « vraie mère ».[191] La violence, même non « justifiée » ou « rédimée », crée des occasions pour la croissance normative au moins pour les parties.[192]

L'expérience du procès peut être trop brutale et polarisante pour servir la finalité d'encourager les parties à s'associer pour explorer les engagements normatifs qui sous-tendent leurs interprétations. Le procès peut rendre la conversation impossible plutôt que possible. Nous n'avons aucun indice que les femmes devant Salomon avaient appris à entrer en

---

[191] Minow, « The Judgment of Solomon and the Experience of Justice », in Cover (R.) & Fiss (O.), eds., *The Structure of Procedure*, 1979, p.447. J'avais écrit cet essai pour un séminaire de Bob Cover, « Mythe, Droit et Histoire ». Je n'aurais pas écrit cet essai sans l'encouragement aimable mais ferme de Bob et sa croyance qu'il y avait là matière à communication, parmi mes nombreuses redites de cette histoire biblique. Il m'avait demandé de me concentrer sur le poids en sens de paradigmes concrets à travers l'étude d'un mythe spécifique et de dégager une élaboration métaphorique des concepts dans l'espace normatif. Cela pourrait occuper toute une vie.

[192] Nous n'avons aucune raison de croire que Salomon lui-même ait été amené à grandir à travers cette expérience ; il peut, en fait, s'être aguerri à l'exercice de la violence au nom de la justification normative. Voir Brecht (B.), « Le cercle de craie caucasien » (« The Caucasian Chalk Circle », trad. par J. Stern and T. Stern, 1983) (le juge n'apprend rien de l'expérience de résolution des conflits sur la garde des enfants quand les parties se déchirent à propos de l'enfant et que lui-même semble prendre plaisir à rudoyer les plaideurs).

conversation du fait de leur conflit juridique. La rhétorique des droits et l'exploration des engagements normatifs au travers de la conversation pourraient être plus dégagées de la violence officielle pour des parties qui restent à l'écart des tribunaux et se tournent, au contraire, vers la résolution par la médiation ou la concertation longtemps avant d'avoir recours à un procès.[193] La création de sens à travers le discours peut prendre place plus fructueusement, plus à l'écart des centres de pouvoir officiel, tout en profitant de leur ombre portée.[194]

La rhétorique des droits peut aussi aider à constituer un type d'autorité commune sans le besoin des structures officielles pour commander le respect ou occuper l'espace normatif.[195] Quel que soit le contexte, le langage des droits et la communauté normative qu'il signale, peuvent être critiques dans la structuration d'une sorte particulière de conversation. A travers le discours des droits, cette conversation a des règles de base qui modifient l'échange – ou le silence[196] – qui, sinon, se serait installé.[197]

---

[193] Que la médiation et les autres méthodes informelles de résolution des conflits fournissent des contextes plus susceptibles de promouvoir un discours authentique et chargé de sens – ou au contraire soient susceptibles d'introduire de nouvelles formes de contrainte, fait l'objet d'un débat considérable. Voir, par exemple, Crouch, « Mediation and Divorce : The Dark Side Is Still Unexplored », in *Fam. Advoc.*, Vol.4, 1982, p.27, 33 (la médiation peut produire l'exploitation d'une des parties) ; McEwen & Maiman, « Small Claims Mediation in Maine : An Empirical Assessment », in *Maine Law Review*, Vol.33, 1981, p.237, à p.254-60 (apportant la preuve que les parties, dans les petits litiges, expriment une plus grande satisfaction et plus d'obéissance en cas de règlement à l'amiable que si un jugement en bonne et due forme est intervenu ; Menkel-Meadow, « Toward Another View of Legal Negotiation ; The Structure of Problem-Solving, in *U.C.L.A. Law Review*, Vol.31, 1984, p.754, à p.829-40 (à propos des effets des inégalités de richesse, de pouvoir et de force de personnalité dans la négociation) ; Smith, « A Warmer Way of Disputing : Mediation and Conciliation », in *American Journal of Comparative Law*, Vol.26 (suppl.), 1978, p.205 (la médiation peut produire un processus constructif de croissance mutuelle).

[194] Voir, par exemple, Mnookin & Kornhause, « Bargaining in the Shadow of the Law : The Case of Divorce », in *Yale Law Journal*, Vol.88, 1979, p.950 (les procédures du droit du divorce créent des occasions d'arrangements privés).

[195] Voir « The Bonds of Constitutional Interpretation », *op. cit. supra* note 7, à p.823-25 (à propos de *United States v. Tiede*, 86 F.R.D.227 [Cour des Etats-Unis pour Berlin, 1979], décidé par le juge Herbert Stern en tant que juge selon l'article II pour la Cour des Etats-Unis à Berlin occupé) ; *Folktales of Justice*, *op. cit. supra* note 25, à p.191-97, 199-202 (explorant les possibilités de tribunaux sans autorité officielle pour juger les Etats-Unis à propos de leur rôle dans la Guerre du Vietnam et pour résoudre les conflits sur la succession rabbinique affectant la venue du Messie).

[196] Voir Griffin (S.), *Pornography and Silence : Culture's Revenge Against Nature*, 1981 ; Soifer, « Listening and the Voiceless », in *Miss. C. L. Rev.*, Vol.4, 1984, p.319 ; voir aussi Rich, « Cartographies of Silence », in Rich (A.), *The Fact of a Door Frame : Poems Selected and New 1950-1984*, 1984, p.232-233 (« le silence peut être un plan / rigoureusement exécuté / l'épure d'une vie./ C'est une présence / il a une histoire une forme. / Ne le confondez pas / avec une espèce d'absence »).

Le pouvoir judiciaire peut déformer les conversations mais certaines conversations – à la fois à l'intérieur et à l'extérieur de la juridiction ne s'instaureraient jamais sans sa menace.[198]

Il est plus facile de construire des engagements normatifs en pratiquant l'interprétation dans des communautés privées, distantes des centres du pouvoir étatique et de la violence organisée, que devant les tribunaux. Ce thème, en réalité, a été puissamment élucidé par Cover dans son Introduction à la jurisprudence de la Cour Suprême de 1983, *Nomos* and Narrative.[199] Détrônant les normes officielles habituellement privilégiées, générées par les actes de l'interprétation étatique, cet article célèbre la génération de normes par de petites communautés intégrales qui agissent souvent par résistance à l'Etat et à son pouvoir organisé. Pour Cover, il est important de souligner que l'Etat peut tenter de détruire les activités normatives, privées, locales, parce qu'elles menacent de frustrer la soif qu'a l'Etat d'un monopole de la signification.[200]

---

[197] Un point de vue similaire est affirmé par ceux qui se soucient des risques de transfert en dehors de la justice formelle des questions juridiques impliquant les personnes pauvres ou relativement sans pouvoir ; là naît le risque que le genre de conversation qui aurait pu être initié, ne trouve pas sa place. Voir, par exemple, Edley, « Legal Reform and the Poor : Some Questions », in *Washington Post*, Jan. 16, 1984, à A11, Col.2 :

> « Personne n'a suggéré que les poursuites antitrusts majeures ou les litiges majeurs à propos des titres de valeurs soient réglés de force par arbitrage contraignant. Cependant il y a danger que les réformateurs précipitent les pauvres en dehors du système de juridiction traditionnelle vers d'incertains substituts de fortune... Les désavantages qui découlent de la possession de moindres revenus peuvent demeurer réels, même si le jeu change du procès au faisons-un-arrangement. Et si « informel » signifie que les règles et les lois peuvent être accommodées pour faire ce qui est « juste » dans un conflit spécifique, qu'en est-il des protections que la partie la moins puissante aurait pu recevoir du droit et des procédures rigides ? »

[198] Dans ce pays, le discours juridique et les audiences judiciaires peuvent établir des rituels quand aucun autre type de communication n'est possible. A travers le rituel les communautés expriment ce qui relève de l'essence de leur être. C'est sûrement pour une telle raison que William Stafford a nommé son poème « Un rituel pour se lire l'un l'autre » :

> « Si vous ne savez pas le genre de personne que je suis et ne savez pas le genre de personne que vous êtes / un modèle fait par d'autres peut prévaloir dans le monde / et suivant chez lui le mauvais dieu, nous pouvons manquer notre étoile...Et de même que les éléphants paradent en se tenant par la queue / mais si l'un s'égare le cirque ne trouvera pas le parc,/ je dis qu'il est cruel et que c'est peut être même la racine de toute cruauté / de savoir ce qui se passe et de ne pas le reconnaître. »

(Stafford (W.), « A Ritual to Read to Each Other », in id., *Stories The Could Be True*, 1977, p.52.)

[199] « Nomos *and Narrative* », *op. cit. supra* note 23, p.4.

[200] Comparer « Nomos *and Narrative* », *op. cit. supra* note 23, à p.11-19 (à propos de la capacité « jurisgénérative » des communautés) avec *ibid.*, à p.40-44 (décrivant le caractère « jurispathique » des tribunaux). Les communautés locales peuvent elles-mêmes commettre

Cette préoccupation explique la focalisation fréquente de Bob Cover sur les questions de juridiction. Cette doctrine, inventée par des juristes, organise le droit « à propos de si et quand le droit peut être employé pour limiter le pouvoir des puissants ».[201] La juridiction concerne expressément la relation entre les paroles et le pouvoir.[202]

Les paroles peuvent-elles interpeler le pouvoir ? Comment le langage normatif, qui rend la violence de l'ordre officiel plus acceptable, peut-il contenir cette violence ? Le langage est un bouclier fragile et une épée peu efficace contre la violence réelle. Même s'il n'est pas corrompu par son association avec le pouvoir et la force,[203] le langage normatif du

---

la violence, voilée ou non par des actes d'interprétation. La discrimination raciale à l'Université Bob Jones, décrite dans *Nomos*, est de même une forme de violence. Voir aussi Soyinka (W.), *Death and the King's Horseman*, 1975 (portait d'une tentative britannique pour empêcher un rituel local dans lequel un cavalier accompagne le roi décédé dans le royaume des ancêtres).

[201] Soifer, *op. cit. supra* note 148, à p.912.

[202] Voir Vining (J.), Legal Identity, 1978. Vining commence avec cette méditation :

> « La juridiction est pouvoir... Avec le pouvoir, un être humain devient une personne...
> Depuis l'abandon de l'absolutisme, aucun être humain n'est tout puissant, même conceptuellement. Il a certains pouvoirs et, avec la définition de ceux-ci, il devient une personne particulière. La question « Qu'est-ce qu'un juge ? peut ainsi être remplacée par la question « Quand un être humain désigné comme juge a-t-il du pouvoir ? » (*ibid.*, p.13-14).

Vining se tourne vers une situation imaginaire où le ministre de l'intérieur participe à un dîner et un autre invité lui ordonne de suspendre sa décision de permettre des forages pétroliers off shore. Quelle différence cela fait-il si cet invité est un juge et quels moyens déterminent le pouvoir du juge ? Vining note : « Le ministre peut en appeler au sens des autres de ce qu'est un juge et argumenter que l'individu avec sa commission, dans sa robe noire et dans sa salle spéciale n'était pas encore en train d'agir dans le rôle d'un juge.
Si un individu qui n'est pas juge, souhaite s'opposer à un acte du ministre et persuader un juge d'adresser un ordre au ministre, il doit montrer au juge qu'un juge peut intervenir dans cette situation. Le ministre, quant à lui, cherchera à montrer au juge qu'il ne le peut pas. C'est l'argument juridictionnel qui intervient dans chaque cas (*ibid.*)

[203] Et ceci est le grand « si ». Voir, par exemple, Polanyi (M.), *Personal Knowledge*, 1958, p.226-27 :

> « Nous avons vu que, même si la puissance publique était originellement basée sur la terreur, elle ne pouvait pas manquer de compléter sa force coercitive par la persuasion et que les pensées cultivées dans le but de contrôler leurs peuples gagneraient inévitablement aussi un certain degré d'ascendant sur la propre conduite des gouvernants qui les ont entretenues...
> [Mais] tout nouveau problème moral a soulevé une lutte d'intérêts ; le progrès moral a dû être imposé aux privilégiés sous la pression des opprimés ; la répartition existante des privilèges a toujours fourni à ceux qui en bénéficiaient des pouvoirs considérables pour résister aux réformes qui limitaient leur avantage et ils ont perpétué l'injustice par la force...

discours des droits peu simplement être impuissant à exprimer les désirs et les espoirs de ceux qui cherchent à restreindre la violence officielle. Le langage juridique est souvent rigide et peu maniable, abstrait et formel. Quelquefois les gens qui gagnent avec le langage juridique doivent affronter des conséquences qu'ils n'ont pas et qu'ils n'auraient pas choisies.[204] L'effet cumulatif du discours juridique peut aussi être indésirable. Grant Gilmore a averti que le chemin de l'enfer est pavé de procédure légale régulière.[205]

Cependant, le langage juridique ne pourra jamais exprimer l'expérience individuelle. Sa revendication même de significations communes, sa dépendance directe ou indirecte par rapport à des sanctions officielles et son passé accumulé excluent cette possibilité.[206] J'ai critiqué la rhétorique des droits pour sa perspective pauvre en matière de relations humaines et son assignation répétée d'étiquettes qui dissimulent le pouvoir de ceux qui font l'assignation.[207] Et je trouve quelque chose de terriblement manquant dans les droits des enfants qui parlent seulement d'autonomie plutôt que de besoins, spécialement le besoin central de relations avec les adultes qui sont eux-mêmes investis du pouvoir de créer un cadre où les enfants puissent s'épanouir.[208]

Comme nous l'a rappelé Cover, même les dimensions communes des revendications de droits sont liées à la violence. L'affirmation qu'il existe une communauté peut être fausse ou peut créer une nouvelle ligne

---

> Nous pouvons encore douter, dès lors, que les dirigeants d'une société, quelle qu'autogouvernée librement qu'elle soit, puissent jamais observer les revendications de morale au-delà de ce qui est nécessaire pour faire croire à leurs sujets (et aux alliés de ceux-ci à l'étranger) qu'ils doivent avoir confiance dans leurs déclarations de moralité. »

[204] Bumiller, « Victims in the Shadow of the Law : A Critique of the Model of Legal Protection », in *Signs*, Spring 1987, p.421 (les effets, sur les victimes de discrimination, de la recherche de l'application des droits).

[205] Gilmore (G.), *The Age of American Law*, 1977, p.111 : « En enfer, il n'y aura rien que du droit et la procédure légale régulière sera méticuleusement respectée. »

[206] La forme particulière de la rhétorique juridique peut être inhospitalière pour certaines significations, alors qu'elle est accueillante pour d'autres.

> « Le langage des droits offre de grandes possibilités pour les revendications qu'un individu peut avancer par rapport à la communauté, que ce soit sur elle ou contre elle, mais il est relativement pauvre comme moyen pour exprimer les besoins individuels de communauté.
>
> C'est parce que l'argent ne peut pas acheter les gestes humains qui confèrent le respect, ni les droits en garantir le titre, que toute société décente exige un discours public sur les besoins de la personne humaine. »

(Ignatieff (M.), *The Needs of Strangers*, 1984, p.13.)

[207] « When Difference Has Its Home », *op. cit. supra* note 15, à p.127-30, 168-69.

[208] « Rights for the Next Generation », *op. cit. supra* note 30, à p.23.

d'exclusion applicable par le pouvoir de police. La rhétorique des droits peut et doit être exposée à la critique pour sa tendance à cacher l'existence de l'autorité étatique, même quand celle-ci est exercée au nom des libertés privées. Le discours des droits, comme tout langage peut être trompeur, enjoleur, il peut faussement consoler ou enflammer à tort.

Néanmoins je ne suis pas tranquille dans ma critique des droits et du langage juridique, alors qu'ils viennent de devenir accessibles à des gens qui, auparavant, en étaient privés. Je m'inquiète de ceux qui ont, disant à ceux qui n'ont pas : « Vous n'en avez pas besoin, vous ne devriez pas désirer cela ». Mais plutôt que de dénigrer les droits, je me joins aux efforts qui les revendiquent à nouveau et veulent les réinventer. Si et comment utiliser les paroles pour contenir le pouvoir, ce sont des questions auxquelles la réponse devrait être donnée par ceux qui n'ont pas le pouvoir, auxquels cela manque. Pour cette tâche, la rhétorique des droits est remarquablement bien adaptée. Elle permet une exposition dévastatrice, si elle est rhétorique, des hiérarchies de pouvoir et de porter un défi contre celles-ci. Selon les termes de Patricia Williams, les gens employant le langage des droits « impliquent un respect qui place une personne dans le cadre de référence du soi et des autres, qui élève son statut de celui de corps humain à celui d'être social ».[209] L'ambiguité et la mutabilité des mots permet à ceux qui les utilisent de remodeler et de réinventer leur sens. »[210]

Elizabeth Schneider a formulé comment les avocats et les parties, puisant à leur expérience commune, peuvent lutter pour faire prendre une nouvelle signification aux règles juridiques et comment ils peuvent faire appel aux officiels du droit pour donner force à ces significations.[211] Le vocabulaire juridique, les droits y compris, peut être investi de significations qui défient le pouvoir et la violence. Le langage juridique, tel qu'il est, limité et partiel, peut devenir un instrument puissant de combat. Chaque lutte historique a aidé à transformer les significations héritées.[212] Pour l'orateur, un langage hérité est moins une collection de

---

[209] Williams, *op. cit. supra* note 59, à p.416 ; voir aussi Note, « Petitioning and the Empowerment Theory of Practice », in *Yale Law Journal*, Vol.96, 1987, p.569 (explorant comment le droit de présenter au gouvernement une requête en réparation d'un grief peut investir de pouvoir les individus et les groupes).

[210] La première partie de cet essai consiste largement en un effort pour retrouver l'aspect relationnel d'un discours des droits qui a si souvent mis l'accent sur l'individualisme autonome.

[211] Schneider, *op. cit. supra* note 85, à p.604-10 (à propos de l'effort de la juriste féministe pour forger de nouvelles significations politiques et juridiques à partir de son expérience).

[212] Voir, en général, « Symposium : Sounds of Silence », in *Harvard Civil Rights - Civil Liberties Law Review*, Vol.22, 1987.

significations pré-ordonnées qu'un moyen de transgresser des constellations de faits en direction d'un avenir non balisé.[213] Comme pont entre le monde qui est et les mondes alternatifs qui pourraient être, les normes juridiques ne peuvent pas appartenir exclusivement à un Etat ou à un ensemble de responsables officiels. Ceux qui n'ont pas de rôle officiel ont autant d'importance pour établir un pont entre le présent et le futur. Chacun peut demander justification de tout acte de violence, commis contre l'Etat ou à l'abri des regards de l'Etat ou au nom de l'Etat.[214]

III) Après le droit, interpréter les droits

> Et ainsi, je fais appel à une voix, à quelque chose de mystérieux, / une région importante chez tous ceux qui parlent : /bien que nous ayons le loisir de nous tromper les uns les autres, / nous devons réfléchir / de crainte que la parade de notre vie mutuelle se perde dans l'obscurité. (William Stafford)[215]

En tant que théoricienne, j'ai le luxe de critiquer. Je peux prendre du recul et faire la critique des outils de base de la pratique juridique, tels que les droits, parce qu'ils préservent les affirmations sur l'autonomie humaine qui, je crois, sont contraire à l'expérience sociale et susceptibles de limiter le changement social. Cependant quand j'écris des conclusions à présenter devant un tribunal, quand je supervise le travail clinique des étudiants ou quand je m'adresse à des professionnels sur le terrain, je me demande parfois qui j'aide et à qui je nuis en critiquant les droits. Il s'avère salutaire, utile et peut-être même essentiel de pouvoir présenter une requête en tant que revendication d'un droit. Par « salutaire, utile et peut-être essentiel », je n'entends pas simplement pour gagner un cas donné ou pour convaincre un responsable particulier de faire une bonne chose mais aussi pour aider à constituer le type de monde où les luttes pour le changement peuvent en fait apporter le changement et où les luttes pour le sens et la communauté peuvent se nourrir l'une l'autre.

Les droits peuvent être compris comme une espèce de discours commun qui reconfirme l'engagement difficile du vivre ensemble, même alors qu'on s'engage dans des conflits et des luttes. Il est possible que le

---

[213] Dallmayr, *op. cit. supra* note 106, à p.97 (à propos de Sartre (J.P.), *L'Etre et le Néant*).
[214] « Folktales of Justice », *op. cit. supra* note 25, à p.181-82.
[215] Stafford (W.), *op. cit. supra* note 199, p.52.

combat pour faire sens de l'existence humaine demande que nous nous partagions entre groupes externes, voire même antagonistes, par rapport à la communauté plus large. Si tel est le cas, alors le discours des droits peut être d'autant plus important comme intermédiaire pour parler à travers les affirmations conflictuelles au sujet des séparations et des liens entre les individus, les groupes et l'Etat. L'acte même de s'adresser à la communauté à travers un langage de droits, peut mettre à nu les divisions à l'intérieur de la communauté et même au-delà de celle-ci.

L'interprétation juridique, dans de tels moments, ne se produit pas simplement dans des actes officiels, pris par des acteurs officiels. L'interprétation juridique se produit aussi au travers de la résistance, de l'obéissance et dans l'investissement de vieilles formules par de nouvelles significations. L'interprétation juridique intervient quand les non-officiels cherchent à faire rendre des comptes à des officiels, soit en termes que les officiels eux-mêmes ont offert comme raisons ou en termes nouveaux, incarnant des engagements normatifs qui n'ont pas encore réussi à s'inscrire dans le canon officiel de signification. Le langage juridique n'est jamais transparent à l'expérience ; il contraint et limite ce que les individus veulent dire, même alors qu'il véhicule une signification commune. Et cette signification commune peut très bien se fermer au conflit auquel elle résiste. Les significations juridiques énoncées par les officiels ne peuvent pas être coupées de la violence et du pouvoir qu'elles cherchent à rationaliser ; elles ne peuvent pas non plus être réduites à ces actes de violence et de pouvoir. Parce que la violence privée peut être aussi mauvaise que la violence officielle, les efforts publics et privés pour fabriquer des significations juridiques et des engagements normatifs sont importants pour lutter contre l'oppression.

Que se passe-t-il après le droit, après que les énoncés juridiques officiels, bons ou mauvais, aient été prononcés ? La structure interprétative suggère que les énoncés juridiques sont la possession de ceux qui ne possèdent rien.[216] Nous pouvons entendre les droits comme un langage qui contient une signification mais qui ne l'engendre pas, comme des sons qui démontrent notre socialité alors qu'ils mettent en évidence que l'orateur est unique. Le langage juridique, comme un chant, peut être fredonné par

[216] Appleby, « The American Heritage : The Heirs and the Disinherited », in *Journal of American History*, Vol.73, 1987 (notant comment d'autres décrivent l'interprétation constitutionnelle comme une bataille entre héritiers des pères fondateurs et offrant à la place la conception d'une bataille de déshérités).

quelqu'un qui ne l'a pas écrit et entonné par ceux pour lesquels il n'était pas prévu.[217]

Le langage est assez nuancé pour exprimer, que « Non, ce n'est pas ce que je voulais dire » ou même « Il n'y a pas de mots pour dire ce que je veux dire ». Le langage des droits est ou pourrait être assez nuancé pour exprimer « Je suis relié à vous dans ma volonté même de respecter vos limites » ou « Je n'appartiens pas à votre communauté, avec vos normes, mais je prétends que nous partageons certains termes en vous demandant de respecter ma séparation ».[218] Il se peut que les gens soient capables

---

[217] Hanna Pitkin a suggéré qu'une tension entre idéaux et pratiques institutionnelles peut en fait créer l'occasion d'une influence critique sur les deux. Elle écrit :

> « La tension peut apparaître à travers l'une ou l'autre de deux séquences historiques possibles. Il se peut que les hommes conçoivent un idéal ou un but ou un objectif et développent une institution ou un ensemble de procédures pour l'atteindre et pour perpétuer cette finalité à travers le temps et dans les activités de nombreux hommes. Ils rédigent un ensemble de lois ou instituent une école ou créent une agence nouvelle. Mais les règles exigent une interprétation et les institutions ont une aptitude à développer des objectifs et des directions qui leur sont propres. Après un temps, les hommes peuvent se retrouver déchirés entre leur engagement envers le but initial et leur engagement envers les institutions qui étaient supposées permettre de l'atteindre. Ou, à l'opposé, une société peut, graduellement et sans intention délibérée, développer certaines façons institutionnalisées ou rituelles de procéder et elle peut finalement en tirer des règles, des principes ou des idéaux abstraits. Au début ces règles ou ces idéaux peuvent être simplement des abstractions descriptives de comment fonctionnent les institutions mais plus tard elle deviennent des standards critiques qui permettent d'évaluer et de réformer les institutions. Le résultat est encore une tension entre « l'idéal substantiel » et la « forme pratique » dans laquelle il s'incarne. »

(Pitkin (H.), *Wittgenstein and Justice*, 1972, p.187.)

[218] Voir Levinson, « Professing Law : Commitment of Faith or Detached Analysis ? », in *Saint Louis University Law Journal*, Vol.31, 1986, p.3 (sur les serments de fidélité). J'ai écrit, par ailleurs, au sujet de ce pouvoir en poésie :

> « Les sentiments d'impuissance peuvent parfois rendre impossible le discours, même celui sur l'absence de pouvoir. Dans ce contexte, je me souviens d'un poème qui exprime si bien la difficulté pour trouver les mots qu'il porte le silence en même temps qu'il parle.
> Le poète W. S. Merwin a écrit ce vers court, abrupt, intitulé « Elegy » :
> A qui le montrerais-je
> [Who would I show it to]
> Terminant avec une préposition (« to », en anglais), au milieu de la pensée ; terminant sans ponctuation et s'appuyant sur des références sans définition : des mots de remplacement « Qui », « je », « le », pour des références non révélées : le poème est troublant. L'incomplétude et la dépendance sur ce qui reste pour toujours non dit, pèsent lourdement sur le poème et, au moins dans une certaine mesure, peuvent être son message. Cependant, à la recherche de quelque signification plus spécifique, le lecteur pourrait essayer de se mettre en relation avec le texte et s'inspirer

d'utiliser l'interprétation juridique pour communiquer la coupure, le malentendu, même le droit d'éviter la conversation. Après le droit, nous avons l'un l'autre la lourde charge d'apprendre à vivre ensemble et séparément.

Dans son séminaire intitulé « Mythe, Droit et Histoire », à l'automne 1977, Robert Cover a introduit les étudiants de Yale aux mythes et aux histoires concernant la création du droit et aux préoccupations juridiques majeures, telles que la culpabilité et l'innocence. Le thème de la création a été l'occasion d'une expédition à travers les textes bibliques et talmudiques, l'histoire constitutionnelle américaine et les études sur Moïse, le législateur.[219]

Puis, la discussion se portait sur Orestie. Il y avait là un monde de chaos divin. Les luttes à mort, une fois commencées, se poursuivaient sans fin. Les êtres humains étaient les victimes malheureuses de l'intervention des dieux. Eschyle transforme l'histoire bien connue en dilemme aigu à propos des relations de la justice et de la violence et entre engagements normatifs conflictuels.

---

de sa propre expérience. « Pourquoi une telle incomplétude ? », peut se demander le lecteur. Que peut bien être ce « le » ? Peut-être l'élégie du titre. Le « Je » ? Peut-être le poète. Le « qui » ? Peut-être personne de connu, personne de vivant. Peut-être le poème signifie-t-il que la relation du poète avec quelqu'un s'est interrompue ainsi, coupée ainsi, peut-être par la mort, peut-être que l'idée même de dresser un mémorial à l'être perdu a paru futile. La seule personne qui pourrait comprendre et apprécier les efforts du poète pour écrire une élégie est partie. La possibilité du deuil qui pourrait atteindre son terme est si mince que le poète ne peut même pas terminer sa pensée sur comment essayer.

Et cependant, si certains éléments de cette discussion font écho aux significations que l'auteur a eues à l'esprit ou aux significations ressenties par d'autres lecteurs que moi, un autre tour dans la signification demeure. Si je suis capable de saisir une part de la pensée et des sentiments du poète, quelque chose de la profondeur de la peine, de la perte qu'endure le poète et l'interruption que produit une telle affirmation de l'impossibilité de dire, alors, en fait, le poète a communiqué. Et le silence, entre étrangers, entre l'auteur et le lecteur, a bien été brisé. La conversation, là où il y a eu le silence, peut mieux commencer ainsi, dans l'énoncé de ce qui a été et peut-être reste inexprimable. »

(Minow, « Many Silent Worlds », in *Western New England Law Review*, Vol.9, 1987, p.197, à p.204-05 – sans les notes.)

219 Les lectures comprenaient trois oeuvres sur Moïse, chacune d'un auteur de langue allemande des années 1930. Voir Buber (M.), Moïse ; Freud (S.), *Moïse et le monothéisme* ; Mann (T.), *La Loi* (trad.en angl. : « The Tables of the Law », in id., *Stories of a Lifetime*, Vol.2, 1961, p.288).

La maison de Pénélope est maudite. Les conspirateurs tuent Agamemnon à son retour des guerres de Troie. Apollon commande à Oreste de venger son père, Agamemnon, en tuant sa mère, qui elle-même a organisé la mort d'Agamemnon. Poursuivi par les Furies pour l'acte de matricide, Oreste est inextricablement enfermé dans un conflit d'impératifs moraux. Apollon dit à Oreste de s'adresser à Athena parce qu'elle combine les vertus masculines et féminines et incarne les vertus de modération, de contrôle et de persuasion. Cependant, comme le sait Athena, les dieux sont divisés de sorte qu'il n'est pas possible de faire appel directement à leur autorité. Elle choisit dix mortels d'Athènes pour agir comme jury de pairs.[220] Les dieux, cependant, rendront le jugement du jury, suprême. Quand le jury vote, ils ne peuvent pas se départager et Athena tranche l'égalité par son vote. Elle pardonne à Oreste mais sa décision renverse l'ordre juridique, divin, dominant. La miséricorde fait violence au droit. Athena a défié le pouvoir des Furies en absolvant Oreste des charges qui pesaient contre lui ; elle a délogé l'ordre divin en nommant un jury de mortels. Répondant aux Furies courroucées, Athena *interprète* le vote du jury : vous n'avez pas perdu, dit-elle, parce que le vote était à égalité. Athena propose que les Furies, les dieux de l'Olympe et les hommes partagent la souveraineté dans l'esprit des humains. Avec un nouveau rôle, punir ceux qui portent atteinte à la procédure légale régulière, les Furies sont transformées et deviennent les Euménides, les « Aimables ». Le Ciel et la terre, l'aigle et le serpent, la liberté et la nécessité, le nouvel ordre et l'ancien – tous se joignent dans une réitération du combat continu.

C'était un moment dans la classe quand Bob Cover évoquait le choix final auquel parvenaient les dieux pour créer une sphère publique, au-delà des conflits de lutte à mort. C'était le choix de remettre les instruments de la justice aux êtres humains. C'était un moment d'espoir et un moment de nécessité. Nous obtenions le droit d'interpréter nos propres significations et de poursuivre notre propre justice, bien que nous demeurions tragiquement prisonniers de l'ignorance et de la violence, alors que nous luttons pour le pouvoir pour donner réalité à nos visions :

---

[220] Athena charge le jury humain de conserver un sens de la crainte, même lorsqu'ils s'engagent dans l'auto-gouvernement :

> « Pas d'anarchie, pas de gouvernement d'un seul. Alors / je conseille à mes citoyens de gouverner et de faire grâce, / et de ne pas rejeter totalement la crainte hors de votre cité. Quel / homme qui ne craint rien du tout est toujours vertueux ? Telles / soient vos justes terreurs et que vous puissiez mériter et avoir / le salut pour votre citadelle, la défense de votre terre, / comme cela n'a jamais été parmi les hommes, ni / parmi les Scythes, ni sur la terre de Pénélope. »

(Eschyle, Les Euménides (les vers 698-705)

« Tant que l'interprétation juridique sera constitutive d'une conduite violente autant que de la signification, tant que les gens s'engageront à utiliser les organisations sociales de la violence ou à y résister pour rendre leurs interprétations réelles, il y aura toujours une limite tragique à la signification commune qui pourra être atteinte. »[221]

Puissions-nous apprendre à interpréter notre souffrance ! Puissions-nous recouvrer nos droits à produire du sens !

---

[221] « Violence and the Word », *op. cit. supra* note 7, à p.1629.

Robert M. Cover « L'obligation : une conception juridique juive de l'ordre social »

(Traduction de : Robert M. Cover, « Obligation : A Jewish Jurisprudence of the Social Order », in *Journal of Law and Religion*, Vol.5, 1987, p.65 et s., repr. in Martha Minow, Michael Ryan and Austin Sarat (eds.), *Narrative, Violence and the Law. The Essays of Robert Cover*, Ann Arbor, The University of Michigan Press, 1993, chap. 6.)

I. Termes fondamentaux

Toute culture juridique a ses termes fondamentaux. Quand nous définissons notre sujet d'étude de ce week-end comme les droits de l'homme, nous nous situons aussi dans l'univers normatif d'un lieu particulier. Le mot « droits » est éminemment évocateur pour ceux d'entre nous qui avons grandi dans la société occidentale, séculière, postérieure aux Lumières. Même ceux parmi nous qui ont eu la grâce de vivre dans un environnement profondément religieux et observant, avons du mal à échapper aux évocations que la terminologie des « droits » véhicule. En fait, nous essayons dans cette Conférence de nous attribuer ici et là un peu de crédit pour le lustre que l'édifice des droits revêt, suggérant peut-être, à l'occasion, que la belle réflexion est redevable de quelque source ultime de lumière.

Le judaïsme est, lui-même, une culture juridique très ancienne. Il n'a guère connu d'existence pleinement autonome au cours des trois derniers millénaires. Cependant, je crois qu'il peut revendiquer autant que n'importe quelle autre grande culture juridique une unité (« *integrity* ») de ces catégories juridiques fondamentales. Dès lors, quand on me demande de réfléchir sur le judaïsme et les droits de l'homme, je pense tout d'abord que les catégories sont fausses. Je ne veux pas dire, bien entendu, que les idées fondamentales de la dignité et de la valeur humaine ne sont pas puissamment exprimées dans les traditions juridique et littéraire juives. Mais plutôt j'entends simplement par là que le judaïsme, parce qu'il est une tradition juridique, a ses propres catégories pour exprimer, à travers le droit, la valeur et la dignité des « droits de l'homme ». Le concept central en droit juif, qui occupe une place équivalente du point de vue de la force évocatrice aux « droits » dans le système juridique américain, est celui de « *mitsvah* », qui littéralement signifie commandement mais a un sens général plus proche d' « obligation qui incombe ».

Avant de commencer à analyser les différentes implications de ces deux concepts-clés plutôt distants, je voudrais recontextualiser les deux termes – les remettre dans les contextes de leurs mythes respectifs. En effet, ces deux mots sont reliés à des narrations fondamentales et reçoivent leur force de ces histoires autant que de la dénotaton des termes eux-mêmes. L'histoire derrière le mot « droits » est celle du contrat social. Le mythe postule des êtres libres et indépendants, même s'ils sont par ailleurs vulnérables, qui échangent, volontairement, une partie de leur autonomie pour un certain degré de sécurité collective. Le mythe fait de l'arrangement collectif le produit d'un choix individuel et ainsi secondaire par rapport à l'individu. Les « droits » sont la catégorie fondamentale, parce que c'est la catégorie normative qui correspond le mieux à ce qui est la source de légitimité de tout le reste. Des droits sont échangés pour la sécurité collective. Mais certains droits sont retenus et, dans certaines théories, certains droits sont inaliénables. Dans tous les cas, l'unité première et fondamentale est l'individu et « les droits » le situent comme un individu séparé, à l'écart de tout autre individu.

Je dois insister sur le fait que je n'entends pas prétendre que toutes ou même la plupart des théories qui sont fondées sur les droits sont « individualistes » ou « atomistes ». Je ne veux pas non plus suggérer un seul instant qu'en partant des « droits » et du contrat social, on doit aboutir à un certain résultat. Hobbes, de même que Locke, fait partie de cette tradition. Et, bien sûr, aussi Rousseau. Des solutions collectives sont possibles aussi bien que des solutions individuelles mais c'est un fait que même les solutions collectives sont des solutions qui arrivent à destination par le moyen d'une théorie qui dérive l'autorité du collectif à partir de l'individuel. C'est nécessairement une théorie qui pose que ce qui a été « abandonné » et, par conséquent, ce qui a été au moins implicitement désiré est une liberté parfaite, dans laquelle tous les droits aliénés font retour et où les contradictions sont résolues.

Le terme de base du judaïsme est obligation ou mitsvah. Il est aussi intrinsèquement lié à un mythe – le mythe du Sinaï. Tout comme le mythe du contrat social est essentiellement un mythe d'autonomie, le mythe du Sinaï est essentiellement un mythe d'hétéronomie. Le Sinaï est une expérience collective – véritablement l'expérience d'une société (« *corporate experience* »). L'expérience du Sinaï n'a pas été choisie.

L'événement produit les paroles qui sont des commandements. Dans tout embellissement rabbinique ou post-rabbinique à propos du récit biblique du Sinaï, cet événement constitue le Code pour tout Droit. Tout le droit est donné au Sinaï et, en conséquence tout droit renvoie à cet événement hétéronome, fondamental (« *ultimate* »), dans lequel nous avons été choisis – passif.

Maintenant, tout comme les théories du contrat social ont généré Hobbes et les autres qui ont monté une machine collective, puissante et monstrueuse à partir du mythe de l'individualisme, le mythe du Sinaï a, de même, donné lieu à des contre-mythes et des contre-récits qui mettent l'accent sur l'autonomie humaine. Des écrits des rabbins sur l'autonomie pour créer du droit se dégage un grand pouvoir, même s'ils concluent tous en suggérant que tout, même les questions non encore posées des étudiants brillants du futur et les réponses à ces questions – absolument tout a été donné au Sinaï. Et, bien sûr, en conséquence, tout est, fut et a été commandé - et nous sommes obligés par ces commandements.

Qu'ont à faire ces histoires avec la façon dont les langages du droit de ces cultures juridiques respectives sont parlés ? Les mouvements sociaux aux Etats-Unis s'organisent autour des droits. Quand un besoin urgent de changer le droit ou de le conserver dans un état ou dans un autre se fait sentir, un mouvement des « droits » se met en place. Les droits civiques, le droit à la vie, les droits sociaux, etc...L'option qui doit être prise sur un titre (« *entitlement* ») est codée ainsi. Quand nous « prenons les droits au sérieux », nous les envisageons comme des atouts du jeu juridique. En droit juif, un titre sans une obligation est une chose triste, presque pathétique. Il y avait, dans le judaïsme rabbinique ancien, de nombreuses obligations dont une personne aveugle était dispensée. L'un des grands rabbins du quatrième siècle, Rabbi Joseph, qui était aveugle, a posé la grande question à ses collègues : « Est-il mieux d'observer les commandements par amour quand on n'est pas obligé de s'y soumettre ou d'obéir aux commandements par obligation ? » Il avait initialement pensé qu'accomplir volontairement les commandements, bien qu'on n'y soit pas obligé, était d'un plus grand mérite. Mais ses collègues soutinrent qu'accepter les commandements par obligation – plus correctement dit, les accomplir parce qu'ils vous obligent – est l'acte qui est d'un plus grand mérite. Il offrit alors d'organiser une grande fête pour les érudits si l'un d'entre eux pouvait démontrer que la position de rabbi Judah, une figure prestigieuse, qui avait prétendu que l'aveugle n'était pas obligé par certains commandements, était entachée d'erreur.

En fait, être de ceux qui sont obligés est la chose la plus proche d'une définition juive de la complétude pour une personne à l'intérieur de la communauté. Un enfant n'est pas émancipé ou « libre » quand il ou elle atteint la maturité. Il ou elle ne devient pas non plus « *sui juris* ». Non, l'enfant devient bar ou bat mitsvah, littéralement quelqu'un qui est soumis aux obligations. Traditionnellement, le parent, à ce moment, dit une bénédiction : « Qu'Il soit béni, Celui qui me libère de la responsabilité des actes de cet enfant ». La différence juridique principale entre juif et non-juif est que le non-juif n'est soumis qu'aux sept commandements noachides. Quand les femmes se sont vu refuser par le judaïsme traditionnel une participation égale au culte, le raisonnement des légistes traditionnels a été que les femmes n'ont pas les mêmes obligations que les hommes en matière de culte (prières publiques). C'est presque le signe sûr d'une formation non traditionnelle lorsque quelqu'un prétend que les femmes dans le judaïsme devraient avoir le droit d'être prises en compte pour la formation du quorum de prière, le droit de diriger des offices de prière ou d'être appelées à la Torah. Les traditionnalistes qui plaident pour la participation des femmes – et il y en a – ne le font pas sur la base des droits. Ils disent que le droit, bien compris, impose ou devrait imposer aux femmes les obligations de la prière publique, de l'étude de la Torah, etc... Parce que la logique de la loi juive est telle que, dès lors que l'obligation est comprise comme incombant aux femmes ou à qui que ce soit, il n'y a pas de question de « droit » à la participation. En fait, le rôle public est une responsabilité.

II. L'utilité des droits et des obligations

Le système juridique juif a évolué au cours des mille neuf cents dernières années sans Etat et largement sans moyens coercitifs qui s'exercent sur les adhérents à cette foi. Je ne veux pas idéaliser la situation. Les communautés juives, à travers les millénaires ont manié le pouvoir. Des sanctions communes de bannissement et de mise à l'écart ont été régulièrement imposées et parfois cruellement à des individus ou à des groupes. Moins fréquemment, mais assez fréquemment, des communautés juives auxquelles était accordée une quasi-autonomie par les gouvernants gentils (c'est-à-dire non-juifs) ont utilisé le pouvoir de l'Etat non-juif pour discipliner les dissidents et les déviants. Cependant, il reste une différence entre manier un pouvoir qui s'appuie sur une solidarité sociale pré-existante mais aussi en dépend et en manier un qui dépend de la violence. Il y a aussi une différence entre être maître de la violence qui est maniée de façon autonome et être dépendant, pour cette force, d'un pouvoir potentiellement hostile. L'appareil juridique juif n'a pas disposé de l'usage autonome de la force pendant les deux millénaires qui sont en fait à tous égards pratiques la période pendant laquelle le droit juif que nous connaissons, s'est élaboré.

Dans une situation où il n'y a pas de pouvoir centralisé et pas grand-chose en matière de violence coercitive, il est critique que le centre mythique de la Loi renforce les liens de solidarité. L'obligation commune, mutuelle et réciproque est une nécessité. Le mythe du commandement divin crée ce réseau. Il faut aussi souligner que pendant l'essentiel des deux millénaires passés, il n'y a pas eu de hiérarchie bien définie de voix formulant le droit dans le judaïsme. Il fut des temps où de grandes figures se sont lamentées sur la cacophonie des lois et l'ont comprise comme une condition qui nous était imposée à cause de nos péchés. Mais une autre tendance s'est presque réjouie de la pléthore des lois et a puisé sa force dans la solution traditionnelle donnée par le Talmud à la question de savoir laquelle de l'Ecole de Hillel ou de celle de Shammaï avait vraiment raison. « Les deux expriment la parole du Dieu Vivant. » L'acceptation de l'idée que l'unique grand événement mythique de législation puisse produire des préceptes et des interprétations apparemment incohérents mais que l'incohérence apparente puisse elle-même être le produit de deux lectures correctes d'une compréhension plus large – cette façon de voir le monde normatif – a été immensément utile à un peuple condamné à vivre sans une voix hiérarchiquement déterminée, qui fasse autorité. C'était un mythe qui créait la légitimité d'un système d'autorité radicalement diffuse et coordonnée. Mais alors qu'il faisait place pour la diffusion de l'autorité, il n'avait pas de lieu pour l'individualisme. On pouvait avoir des compréhensions indépendantes et divergentes des obligations imposées par Dieu à Son peuple choisi mais on ne pouvait pas avoir une vision du monde qui nie les obligations.

La théorie des droits, pour sa part, s'est imposée dans le monde occidental avec la montée de l'Etat-nation, qui a la maîtrise quasi unique de la violence sur de larges territoires. On peut certainement prétendre qu'il était essentiel de contrebalancer le développement de l'Etat avec un mythe qui a) établisse l'Etat comme légitime seulement dans la mesure où il pourrait être dérivé de créatures autonomes qui échangeraient leurs droits pour de la sécurité – c'est-à-dire qu'il fallait raconter une histoire sur l'utilité de l'Etat ou le service qu'il nous rendait et b) justifie potentiellement la résistance commune et individuelle à ce Behemoth. Il se peut bien, comme Bentham l'a si adroitement montré que les droits naturels soient utilisables aussi bien de façon apologétique que de façon révolutionnaire et qu'il n'y ait rien dans le concept qui soit suffisamment puissant analytiquement pour contraindre l'usage qui en sera fait. Néanmoins, c'est une constatation que les apologies des droits naturels sont d'une espèce telle que, dans leur formulation, elles limitent les prétentions les plus extrêmes de l'Etat et que l'idéologie révolutionnaire qui peut être générée, est aussi d'une sorte qui est particulièrement efficace contre les revendications étatiques organistiques.

Ainsi, dans un sens l'idéologie des droits a été un contrepoids utile contre les forces centrifuges de l'Etat-nation occidental, alors que l'idéologie des mitsvoth ou obligations a été également utile pour faire contrepoids aux forces centripètes qu'a connu le judaïsme à travers les siècles. Mais, en un sens aussi, ce type de spéculations est hors sujet. La fonction première des termes fondamentaux ne se trouve pas dans une explication fonctionnelle si simple. Nous devons observer l'organisation interne de la pensée normative et non pas les résultats politiques externes en premier lieu.

III. La nature de la théorie juridique des mitsvoth

Le plus grand spécialiste de Maïmonide, de cette génération, le Professeur Isadore Twersky, a attribué à la philosphie du droit de Maïmonide une compréhension téléologique parfaite des mitsvoth. Maïmonide est généralement considéré comme étant à l'extrémité rationaliste du spectre des penseurs juifs, aussi cette attribution est-elle peut-être naturelle. En tout cas, la position de Twersky est que Maïmonide a compris la raison des obligations des mitsvoth non seulement en termes des fondements pour chacun des commandements pris isolément, mais aussi, de façon plus importante, comme un système avec une finalité systémique. Le système de Maïmonide, en particulier, oppose le monde normatif des mitsvoth au monde de la vanité – hebel. Il semble que Maïmonide, à cet égard, comme dans bien d'autres domaines, ait visé juste. Un monde centré sur l'obligation n'est pas, ne peut pas être, en réalité, un monde vain et vide. Les droits, comme principe organisateur sont indifférents à la vanité des diverses fins. Par contre, les mitsvoth, parce qu'ils lient et situent l'individu si fortement doivent pouvoir revendiquer un contenu substantiel pour ce qu'ils dictent. Le système, si son contenu était vide, pourrait difficilement prétendre être un système. Le système des droits est indifférent aux finalités et dans son indifférence peut prétendre à la cohérence systémique sans revendiquer fortement la richesse ou la vanité des fins qu'elle permet.

La prétention de Maïmonide est plus spécifique que celle décrite ci-dessus. Dans son Epitre aux Yéménites ; il écrit :

> « S'il pouvait seulement saisir l'intention profonde de la loi, il pourrait réaliser que l'essence de la religion divine vraie se trouve dans la signification plus profonde de ces

préceptes positifs et négatifs [mitsvoth], dont chacun aidera l'homme dans sa quête de la perfection et contribuera à écarter tout empêchement à l'atteinte de l'excellence. »

Il est difficile à la lumière d'une telle affirmation d'appliquer certaines catégories familières de la philosophie du droit telle que la distinction entre la morale du devoir et la morale de l'aspiration. Il est certainement vrai que le judaïsme, comme tout autre système normatif reconnaît des degrés de performance dans l'excellence morale ou juridique. Cependant, les mitsvoth ne font pas la distinction entre les préceptes de devoir et les préceptes d'aspiration. Et, en fait, l'élément d'aspiration intervient en partie comme fruit produit naturellement par la discipline du devoir imposée à tous. En tout cas, la finalité et le but divin sont ancrés dans ce terme de base.

IV. Les domaines naturels des droits et des mitsvoth

Une théorie du droit des mitsvoth parvient à résoudre assez naturellement certains types de problèmes. D'autres présentent des difficultés conceptuelles de premier ordre. De même, une théorie du droit des droits résoud naturellement certains problèmes, alors qu'elle bute sur d'autres. Il me paraît intéressant que les dissimilitudes, n'aient pas été beaucoup explorées. La thèse que j'avance n'est pas très brutale. Ce n'est pas, vais-je prétendre, que certains problèmes ne peuvent pas être résolus, dans un système ou dans l'autre, mais que leur solution implique une espèce de tension rhétorique ou philosophique.

La théorie des droits a fait preuve d'une singulière faiblesse pour ce qui est de la fourniture aux individus, par la communauté, des garanties matérielles de la vie et de la dignité. Alors que nous parlons du droit aux soins médicaux, du droit aux moyens de subsistance, du droit à une éducation, nous nous heurtons constamment à la réalisation que de telles formes rhétoriques sont vides à la différence du droit à la liberté d'expression ou du droit au respect de la procédure légale régulière. Quand la question est de limiter le pouvoir, il est intelligible d'affirmer simplement le principe de limitation. Bien sûr, son efficacité dépendra de beaucoup de choses, la moindre n'étant pas la bonne foi de ceux qui sont soumis à cette restriction. Cependant, l'intelligibilité du principe demeure parce que le destinataire est toujours clairement apparent – qui que ce soit dont les agissements menacent le droit en question. Cependant, le « droit à une éducation » n'est pas même un principe intelligible à moins de savoir qui il vise. Pris tout seul, il ne fait que s'adresser à un besoin. Une prémisse distributive manque qui ne peut être fournie que par un principe d' « obligation ».

Dans un système de mitsvoth, ce problème ne se pose pas. Le droit juif est très ferme dans sa garantie d'une éducation. Quelque chose approchant la scolarisation universelle des garçons a été recherché il y a peut-être déjà deux millénaires. En tout cas, il est clair que, pendant tout le Moyen Age, c'était l'obligation des familles et des communautés d'assurer la scolarisation pour tous les garçons. Je ne prétends pas que ce principe n'était pas souvent violé. Mais c'était un principe et même un principe clair. Et il a donné lieu à l'apparition d'un système d'écoles sans égal à son époque, pour ce qui est de l'offre d'éducation. Cependant, il est frappant que les documents juridiques juifs ne parlent jamais du droit ou du titre de l'enfant à l'éducation. Au lieu de cela, ils parlent de l'obligation incombant à différents fournisseurs d'assurer l'éducation. C'est une mitsvah pour le père d'éduquer son fils ou son petit-fils. C'est une mitsvah pour un professeur dans certaines circonstances d'instruire, même sans recevoir une rémunération. C'est une mitsvah pour la communauté de prendre certaines dispositions concernant l'éducation et ses institutions. C'est une mitsvah pour les ménages de loger les étudiants pauvres et de les prendre en charge matériellement, etc...

Maintenant, bien sûr, aux Etats-Unis avec la rhétorique des droits, nous avons aussi des lois et des dispositions qui distribuent les responsabilités, fiscales et administratives, pour la fourniture de l'éducation aux enfants. Comme je l'ai dit au début, nous comparons les rhétoriques et non les résultats. Ce qui est le cas, cependant, c'est que les dispositions concernant les districts scolaires et les impôts locaux n'ont pas de poids rhétorique important. Elles ne nous mettent pas en mouvement, ne fournissent pas de slogans ou d'idéologies mobilisateurs. Les dispositions existent parce que, si nous voulons remplir certaines fonctions, nous en avons besoin. En elles-mêmes, elles ne mobilisent pas, ni ne confèrent de dignité. Si nous voulons faire un bond en avant en fournissant un type ou un certain degré d'éducation jusqu'alors inconnu, nous avons en général recours à la rhétorique des droits – nous lançons une campagne pour les droits des enfants handicapés à une éducation spécialisée : « Parce que tout enfant a un droit à une éducation. » Puis, la force évocatrice de la rhétorique des droits ayant fait son effet, nous laissons aux techniciens le souci de l'allocation de la charge fiscale. Si l'expérience passée peut servir d'indication, il faut s'attendre à une série de tentatives pour reporter le poids fiscal des épaules de l'un sur les épaules de l'autre.

Dans la théorie du droit des mitsvoth , le côté évocateur, lourd de sens est l'assignation de responsabilité. C'est au parent payant l'enseignement, au ménage payant ses impôts que la Loi s'adresse de façon éloquente et persuasive. C'est, pour lui ou pour elle, que le mythe résonne. Cela est vrai pour toutes les fonctions de bien-être social, aussi bien que pour les activités cultuelles.

Il y a des problèmes de procédure aussi dans lesquels le côté rhétorique des mitsvoth, opposés aux droits, semble faire une différence. Pensez, par exemple, au problème de habillement des parties devant un tribunal. Dans *Estelle v. Williams*, la Cour Suprême a affirmé qu'un plaideur avait le droit de comparaître à son procès (devant un jury) habillé dans le costume civil de son choix plutôt que dans le costume de détenu qu'il l'avait habillé les jours précédents en prison. La Cour a cependant conclu qu'en l'absence d'objection en temps et en heure de son avocat, le droit était censé avoir été abandonné ou pas exercé. Regardez maintenant le contraste avec le traitement d'un problème très similaire, bien que non identique, par Maïmonide.

1. Un commandement positif enjoint au juge le devoir de juger équitablement.
2. Si l'une des parties au procès est bien habillée et l'autre mal habillée, le juge devrait dire à la première, « ou bien habillez-le comme vous-même, avant que le procès n'ait lieu ou bien habillez-vous comme lui, alors le procès pourra avoir lieu ».

(Code de Maïmonide, Sanhédrin, c.21.)

Il est bien certain que le système de théorie du droit centré sur les droits crée des obligations pour le juge de veiller à la protection des droits des parties. En ce sens, le genre d'obligation évoqué par le Code de Maïmonide ne lui est pas complètement étranger. De plus, l'éthique de certains rôles, comme le rôle des juges et même celui des avocats, comporte une capacité évocatrice associée à l'obligation et à la responsabilité. Néanmoins, c'est le cas que même en ce qui concerne ces domaines, nous avons tendance à avoir un système qui est presque uniquement dépendant de l'affirmation par les parties et leurs représentants de leurs « droits à un procès équitable » plutôt que de la mise en oeuvre par les juges de leurs obligations d'équité.

S'il y a un avantage rhétorique comparatif en faveur des mitsvoth dans le domaine des titres mutuels [de ce que nous nous devons les uns aux autres], il y a, semble-t-il, un avantage rhétorique comparatif correspondant pour les droits, dans le domaine de la participation politique. Le mythe de contrat social est un mythe d'actes volontaires, autonomes, égaux entre eux. C'est un mythe qui postule la participation parce que la légitimité de ce qui est généré, dépend de la force morale de la participation. L'argument, par exemple, pour la participation égale des femmes dans les affaires publiques ou pour leur égalité juridique va de soi dès lors que les parties à la discussion acceptent l'égalité morale et biologique des sexes. Par contre, dans une théorie du droit des mitsvoth, on doit d'abord créer l'argument de l'égalité d'obligation et vient ensuite, en résultat de cela, l'égalité de participation. Le fait est qu'il pourrait y avoir des raisons importantes qui justifient des distinctions dans les obligations (par exemple, la capacité à être enceinte) qui, néanmoins, n'interfèrent pas directement avec l'égalité complète de participation. La rhétorique des droits va au coeur de la question parce qu'elle est liée à la projection de personnalité au milieu [d'un environnement] d'autres indifférents ou hostiles. La réalité d'une telle indifférence, d'une telle hostilité ou d'une telle oppression est ce que la rhétorique de la responsabilité laisse dans l'ombre. Au mieux, elle le fait en jouant sur les causes. Au pire, elle le fait en prenant le masque idéologique des oppressions familières.

V. Conclusion

La lutte pour la dignité et l'égalité humaines, universelles, procède encore à des niveaux différents à travers le monde. Il n'y a pas de doute que nous pouvons utiliser autant de bons mythes que nous en trouvons, dans le combat. Le Sinaï et le contrat social y ont tous deux leur place. Cependant, lorsque j'examine ma – notre – position privilégiée dans l'ordre social mondial et dans l'ordre social national, alors que je prends conscience des bénédictions spirituelles et matérielles de ma vie et que je perçois le lien plutôt évident que certaines d'entre elles ont avec la souffrance d'autres – il me semble que la rhétorique de l'obligation me parle plus distinctement que celle des droits. Bien sûr, je crois que tout enfant a un droit à une éducation et à un hébergement décent, à la nourriture et aux soins médicaux ; bien sûr, je crois que les réfugiés qui fuient l'oppression politique ont un droit à un refuge dans un pays libre ; bien sûr, je crois que toute personne a un droit à travailler dans la dignité et à un salaire décent. Je crois véritablement au contrat social qui fonde de tels droits et j'affirme ce contrat. Mais, de façon plus adaptée, je crois aussi qu'il m'est commandé – que nous sommes tenus par obligation – de mettre en oeuvre ces droits.

Table des matières

Achevé d'imprimer par Corlet Numérique - 14110 Condé-sur-Noireau
N° d'Imprimeur : 18718 - Dépôt légal : septembre 2004 - *Imprimé en France*

Exercice 2

On vous fournit les renseignements suivants sur le portefeuille de titres de la société Atak au 31/12/N, date de clôture de son premier exercice :

Titres	Prix achat	Quantité	Cours actuel	Nature
A	216	100	221	VMP
B	423	50	412	Participation
C	1 310	250	1 302	VMP

Procédez aux enregistrements comptables qui conviennent.

Exercice 3

Une entreprise a réalisé l'acquisition d'un matériel neuf le 12 mars N – 1 pour un montant HT de 480 000 €. Ce matériel est mis en service le 2 avril N – 1 et sa durée de vie probable est de 5 ans.

L'entreprise utilise le système dégressif en fiscal et le système linéaire en économique faisant apparaître un amortissement dérogatoire.

1. Présentez le tableau d'amortissement complet.
2. Passez les écritures nécessaires et présentez l'extrait correspondant du bilan au 31/12/N – 1 et au 31/12/N + 1.

11

Les autres travaux d'ajustement

L'absence de suivi en cours d'exercice oblige l'entreprise à déterminer avec précision les ***existants en stock*** à la clôture.

Il convient également d'ajuster les comptes de gestion de telle sorte que tous (et seulement) les produits et charges concernant l'exercice soient pris en compte pour le calcul du résultat. Cette démarche, fondée sur la règle d'*indépendance des exercices*, conduit à intégrer les ***charges à payer*** et les ***produits à recevoir*** et à en écarter les ***produits*** et les ***charges constatés d'avance***, pour la détermination du résultat.

1. L'évaluation des stocks

■ La détermination du stock final

L'inventaire intermittent – méthode retenue en comptabilité générale – consiste à mettre à jour les stocks en fin de période (cf. chapitre 3). Il s'effectue en deux étapes :

– le recensement physique de tous les éléments stockés, une procédure souvent assez longue (cf. « fermé pour inventaire ») ;

– l'évaluation des stocks selon le principe du ***coût historique*** (coût d'entrée) : les produits ***acquis à l'extérieur*** (matières premières, autres approvisionnements et marchandises) sont valorisés au *coût d'achat* et les produits ***élaborés dans l'entreprise*** (en cours de production, produits finis) le sont au ***coût de production***.

Cette évaluation des stocks permet de mettre en évidence la ***variation des stocks***.

Le traitement comptable

En début d'exercice, le stock de départ est reporté dans le compte de stock correspondant. En fin d'exercice, le stock initial est annulé et le stock final est reporté au débit du compte de stock.

En contrepartie, le compte variation de stocks est mouvementé.

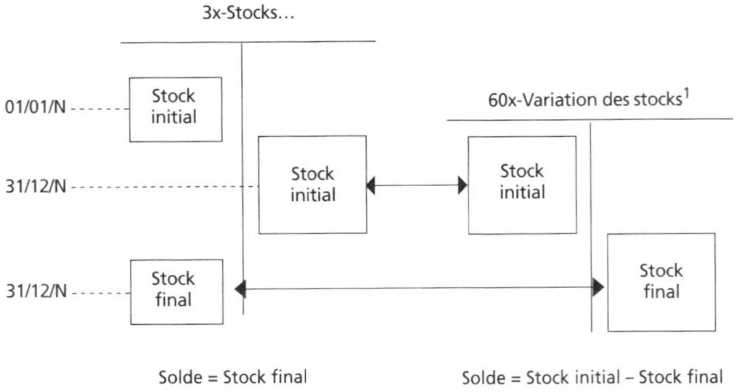

1. S'il s'agit de produits finis, le compte *71x – Production stockée* remplace le compte 60x et sa variation (solde = stock final – stock initial) est portée en produit au compte de résultat.

2. La régularisation des charges

Les charges constatées d'avance

Elles représentent des charges comptabilisées au cours de l'exercice mais qui concernent l'exercice suivant.

Traitement comptable :

– le compte de charges est diminué (crédité) des sommes concernant l'exercice suivant ;

– le compte 486 matérialise une créance vis-à-vis de l'exercice suivant.

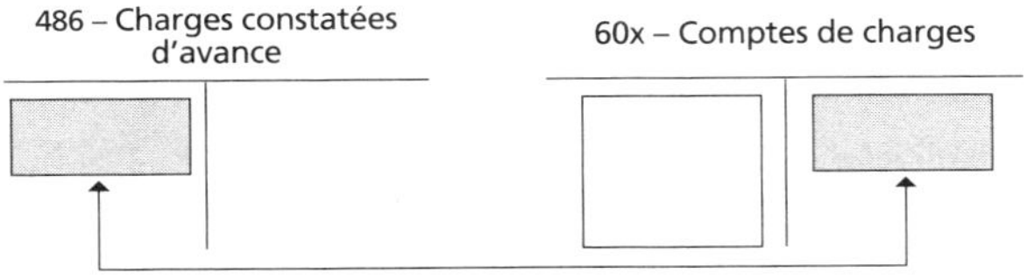

Les charges à payer

Elles correspondent à des charges consommées ou courues au cours de l'exercice mais non enregistrées en comptabilité à la date de l'inventaire, l'entreprise ne disposant pas encore des documents justificatifs. La charge étant certaine à la clôture des comptes, il convient de l'enregistrer en isolant si nécessaire la TVA. En contrepartie, un compte de dettes est crédité (un **8** est inséré en troisième position)

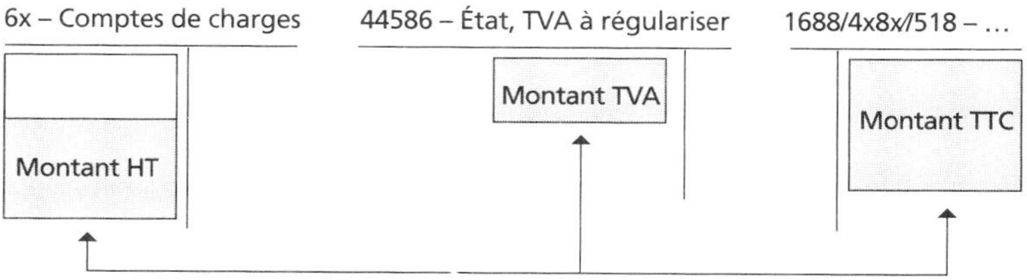

3. La régularisation des produits

Les produits constatés d'avance

Ils concernent des produits enregistrés au cours de l'exercice, mais qui relèvent de l'exercice suivant.

Traitement comptable :

– le compte de produits est diminué (débité) des sommes concernant l'exercice suivant ;

– le compte 487 matérialise une dette vis-à-vis de l'exercice suivant.

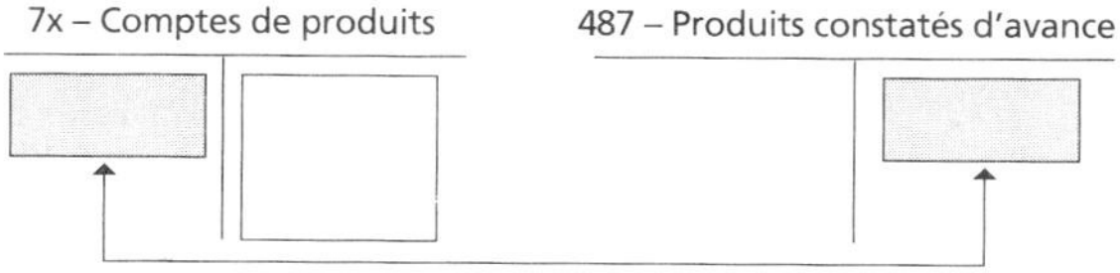

Les produits à recevoir

Ils correspondent à des produits qui trouvent leur origine dans l'exercice, mais pour lesquels il n'existe pas, à la date de clôture, de documents justificatifs. Le produit étant acquis, il convient d'augmenter (en le créditant) le compte de produit correspondant, en isolant la TVA, et de constater en contrepartie la créance (par le débit d'un compte identifié par un **8** en troisième position).

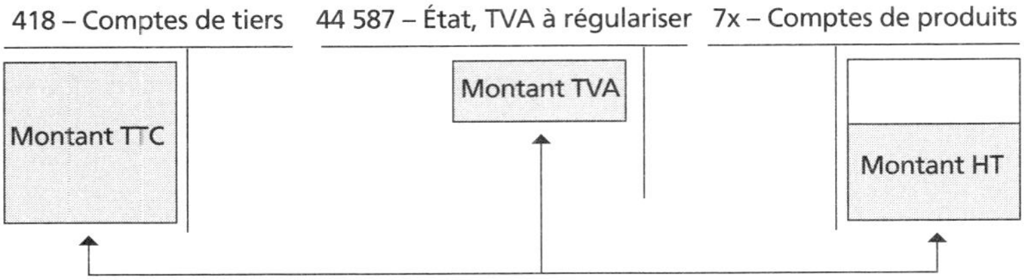

Thème d'étude

Si la SARL Merlin a enregistré les opérations de ***redressement*** (amortissements et provisions), l'ajustement de sa comptabilité à la réalité économique de la société suppose également :

• **la mise à jour des stocks :** l'inventaire extra-comptable a permis de dénombrer les existants en stocks au 31/12/N (cf. chapitre 10) mais les écritures correspondantes n'ont pas encore été passées. Les stocks initiaux figurent au bilan d'ouverture (cf. chapitre 1).

• **la régularisation de certains comptes de gestion :**

– une facture de matières premières Tartas de 254 000 € HT est parvenue à la SARL Merlin le 30 décembre et a été comptabilisée ce même jour. La livraison n'interviendra que le 04/01/N + 1 ;

– le client Vercors a été livré le 29/12/N. Valeur HT de la facture : mouchoirs : 125 000 €, serviettes de tables : 86 000 €.
La facture ne sera établie que le 05/01/N + 1 ;

– les consommations suivantes ont été réalisées sur N, mais les factures correspondantes ne parviendront à l'entreprise qu'en N + 1 : électricité 32 000 € HT, téléphone 7 800 € HT ;

– la compagnie d'assurances a révisé et établi tous les contrats à compter du 01/10/N pour les périodes de six mois. La quittance allant du 01/10/N au 31/03/N + 1 ne parviendra à l'entreprise que le 15/01/N + 1. Montant : 72 600 € ;

– les intérêts courus du prêt au salarié (cf. chapitre 1) et des emprunts BNP (cf. chapitre 1) et CCF (cf. chapitre 2) ainsi que les redevances de crédit-bail (cf. chapitre 8) nécessitent d'être régularisés à l'inventaire ;

– le compte courant aux associés est ouvert depuis le 01/07/N pour le montant figurant à son crédit dans la balance avant inventaire, soit 165 000 €. Ce compte est rémunéré à 6 % l'an ;

– il convient d'enregistrer les honoraires que l'expert-comptable facturera au titre de l'exercice N soit 10 000 € HT.

Nota. il convient, d'autre part, d'enregistrer la déclaration de TVA relative au mois de décembre.

Enregistrons les opérations d'inventaire des stocks

	Reports	260 501 740	260 501 740
31/12/N	60311 – Var. de stock mat. prem. Rauma 3111 – Stock mat. prem. Rauma *– Annulation stock initial de matière première Rauma –*	75 000	 75 000
31/12/N	60312 – Var. de stock mat. prem. Stora 3112 – Stock mat. prem. Stora *– Annulation stock initial de matière première Stora –*	37 000	 37 000
31/12/N	3111 – Stock matière première Rauma 3112 – Stock matière première Stora 3113 – Stock matière première Tartas 60311 – Var. stock mat. prem. Rauma 60312 – Var. stock mat. prem. Stora 60313 – Var. stock mat. prem. Tartas *– Constatation des stocks finals de matière première –*	452 370 651 130 549 270	 452 370 651 130 549 270
31/12/N	326 – Stock d'emballages 60326 – Variation stock d'emballages *– Constat. du stock final d'emballages –*	64 200	 64 200
31/12/N	71351 – Production stockée mouchoirs 3551 – Stock prod. finis mouchoirs *– Annulation stock initial de produits finis mouchoirs –*	40 000	 40 000
31/12/N	71352 – Production stockée serviettes 3552 – Stock produit finis serviettes *– Annulation stock initial de produits finis serviettes –*	30 000	 30 000
31/12/N	3551 – Stock produits finis mouchoirs 3552 – Stock produits finis serviettes 71351 – Product. stockée serviettes 71352 – Product. stockée serviettes *– Constat. des stocks finals de prod. finis –*	834 270 775 170	 834 270 775 170

Enregistrons les opérations de régularisation

31/12/N	486 – Charges constatées d'avance 6013 – Achats de mat. prem. Tartas *– Livraison Tartas –*	254 000	254 000
31/12/N	4181 – Clients, factures à établir 7011 – Ventes de mouchoirs 7012 – Ventes de serviettes 44587 – État – TVA sur fact. à établir *– Livraison Vercors –*	252 356	125 000 86 000 41 356
31/12/N	6061 – Achats non stockés de fournit. 44586 – État – TVA sur fact. non parvenues 4081 – Fourn. – fact. non parvenues *– Facture d'électricité non parvenue –*	32 000 6 272	38 272
31/12/N	626 – Frais postaux et de télécom. 44586 – État – TVA sur fact. non parvenues 4081 – Fourn. – fact. non parvenues *– Facture de téléphone non parvenue –*	7 800 1 529	9 329
31/12/N	616 – Primes d'assurance 4081 – Fourn. – fact. non parvenues *– Assurance du 1/10 au 31/12/N* *(72 600 × 3/6) –*	36 300	36 300
31/12/N	27684 – Intérêts courus sur prêt 7624 – Revenus du prêt *– 25 000 x 5 % × 1/6 (cf. chapitre 1) –*	104	104
31/12/N	66110 – Intérêts des emprunts 1688 – Intérêts courus *– BNP : 4 725 (échéance du 01/N + 1) –* *– CCF : 1 219 (échéance du 01/N + 1) –*	5 944	5 944
31/12/N	486 – Charges constatées d'avance 6122 – Redevance de crédit-bail mobilier *– 5 500 × 75/90 –*	4 583	4 583
31/12/N	6615 – Intérêts des comptes courants 4558 – Ass. comptes courants, intérêts courus *– 165 000 × 6 % × 6/12 –*	4 950	4 950
31/12/N	622 – Rémun. d'interméd. et honoraires 44586 – État – TVA sur fact. non parvenues 4081 – Fourn. fact. non parvenues *– Honoraires expert-comptable N –*	10 000 1 960	11 960

■ **Passons l'écriture de déclaration de TVA au titre du mois de décembre N** (d'après les données de la balance avant inventaire)

31/12/N	44571 – État – TVA collectée 44551 – État – TVA à décaisser[1] 44566 – État – TVA déduct. sur ABS *– Déclaration de TVA décembre N –*	659 959	 281 403 378 556
	À reporter	265 287 907	265 287 907

1. Pour déterminer la somme qui sera effectivement réglée en janvier N + 1, il convient de retrancher de ce montant la TVA sur créances irrécouvrables (25 088 €), soit : TVA à décaisser = 281 403 – 25 088 = 256 315.

Exercices

Exercice 1

Au 31/12/N, La société Gym vous communique les renseignements suivants :

1. Une prime d'assurance annuelle de 1 320 € HT, couvrant les 12 mois à venir, a été payée le 30/10/N ;

2. Les redevances téléphoniques de novembre et décembre N sont évaluées à 210 € HT ;

3. La consommation d'électricité pour décembre est estimée à 150 € HT ;

4. Gym attend une ristourne de 120 € HT d'un fournisseur ;

5. Une facture d'achat de marchandises de 1 350 € HT a été comptabilisée mais la livraison n'a pas encore été effectuée ;

6. Gym a contracté le 01/04/N un emprunt de 50 000 € remboursable en 10 ans par fractions égales à échéance du 1er avril à partir de N + 1. Les intérêts, de 6 %, se calculent chaque année sur le capital restant dû et sont versés en même temps que la part de capital ;

7. Gym a adressé à un client une facture de 670 € HT alors que la marchandise n'a pas encore quitté l'entreprise ;

Procédez aux enregistrements comptables qui conviennent.

Exercice 2

Voici le haut d'un compte de résultat au 31/12/N :

CHARGES	Montants	PRODUITS	Montants
Achats de marchandises A Variation de stock de A Achats de marchandises B Variation de stock de B	600 000 −15 000 500 000 +20 000	Ventes de marchandises A Ventes de marchandises B	1 500 000 1 300 000

Sachant que les stocks au 01/01/N étaient de 64 000 € pour A et 35 000 € pour B :

Retrouvez les stocks de A et B au 31/12/N.

12

La clôture de l'exercice

La ***balance avant inventaire*** propose une vue synthétique des comptes de situation et de gestion avant les travaux d'inventaire. La constatation de la dépréciation de certains éléments d'actif, la mise à jour des stocks et la régularisation des comptes de gestion ont permis d'ajuster la comptabilité à la situation réelle de l'entreprise et d'en proposer une *image fidèle*. Dès lors, il convient de clôturer les comptes pour déterminer le ***résultat*** de l'exercice et présenter les documents de synthèse : ***bilan, compte de résultat*** et ***annexe.***

Au début de l'exercice suivant, les soldes des comptes de bilan seront reportés lors de la réouverture du ***journal*** et du ***grand livre***.

1. La clôture des comptes de gestion et de patrimoine

■ La détermination des achats nets et des ventes nettes

Elle s'opère par le virement des réductions commerciales aux comptes d'achats et de ventes correspondants :

D609		Rabais, remises et ristournes obtenus sur achats	X	
	C60x	Achats...		X

D70x		Ventes ...	X	
	C709	Rabais, remises et ristournes accordés sur ventes		X

La balance après inventaire

Une nouvelle balance est établie par reproduction de la balance avant inventaire corrigée de l'ensemble des écritures d'inventaire. Elle présente l'état des comptes en fin d'exercice.

La détermination du résultat de l'exercice

Elle se réalise par le solde des comptes de charges et de produits :

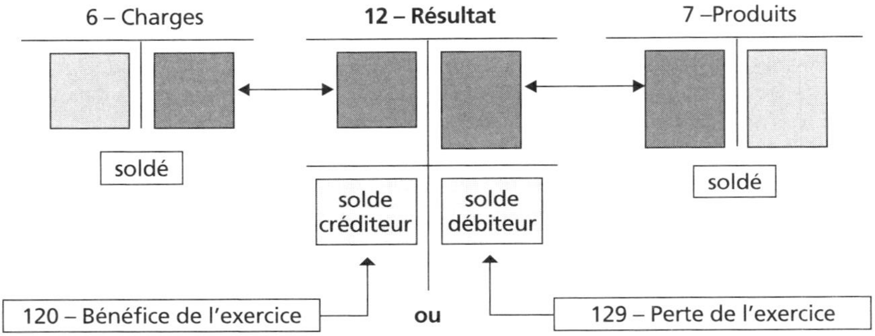

La balance de clôture

Cette balance ne regroupe plus que les comptes de bilan, résultat net compris, puisque les comptes de gestion ont été soldés.

Les comptes de bilan sont soldés à leur tour pour clôturer définitivement l'exercice tandis que le journal et le grand livre sont fermés après la dernière écriture.

2. L'établissement des documents financiers

Le bilan, le compte de résultat et l'annexe légale

Le ***bilan*** et le ***compte de résultat*** sont établis à partir de la balance après inventaire.

Ces comptes annuels doivent être présentés selon l'un des trois systèmes de présentation prévus par le PCG (systèmes abrégé, de base et développé), sachant que les imprimés fiscaux se réfèrent au système de base et que toute entreprise peut opter pour le système développé.

L'***annexe légale*** complète et commente l'information donnée par le bilan et le compte de résultat. La présentation de l'annexe n'est pas normalisée, mais le PCG énonce la liste des informations qui doivent y figurer.

Le délai d'établissement des documents de synthèse est de trois mois à compter de la date de clôture de l'exercice.

■ L'articulation entre le bilan et le compte de résultat

La détermination du résultat est double :

– au ***bilan***, par différence entre l'actif et le passif, il exprime l'évolution du patrimoine depuis la fin de l'exercice précédent ;

– au ***compte de résultat,*** par différence entre les charges et les produits, il exprime l'enrichissement (ou l'appauvrissement) au cours de l'exercice écoulé.

Dès lors que la période de référence est la même, le résultat du bilan et celui du compte de résultat doivent être strictement identiques.

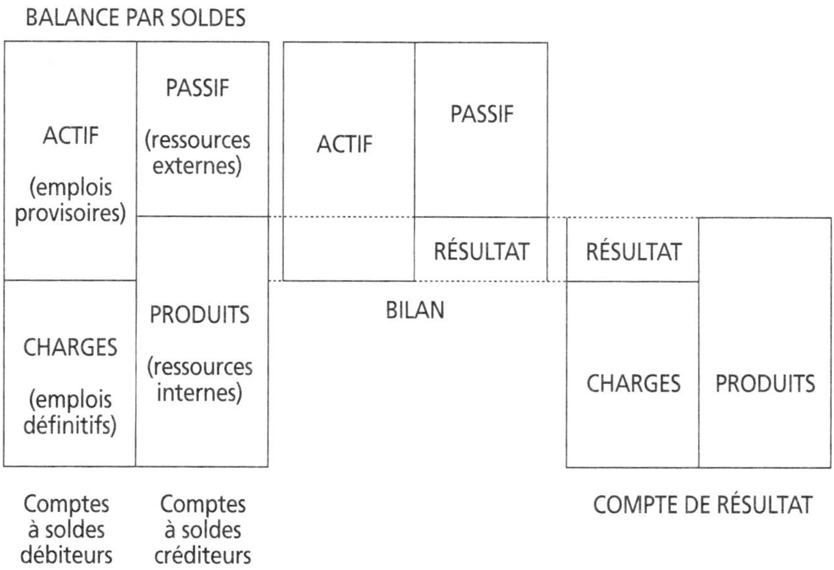

3. La réouverture des comptes

Le comportement des comptes de patrimoine et de gestion

Les comptes de bilan survivent à l'exercice : le patrimoine de l'entreprise n'a pas varié entre la date de clôture et la date de réouverture des comptes.

Les comptes de gestion ne survivent pas à l'exercice : ils ne concernent que l'activité d'un exercice donné et sont remis à zéro au début de l'exercice suivant.

La réouverture des comptes au journal et au grand livre

La première tâche comptable du nouvel exercice consiste à réouvrir les comptes de bilan au journal et au grand livre.

Le nouveau journal doit prendre en compte les soldes des comptes de patrimoine. Cette réouverture peut s'opérer selon trois méthodes :
- l'enregistrement des soldes de chaque compte de l'actif et du passif ;
- l'enregistrement des totaux des soldes débiteurs et créditeurs ;
- le recours à un compte transitoire : *890 – Bilan d'ouverture*.

Au niveau du grand livre, chaque compte figurant au bilan est réouvert. Un solde débiteur est reporté au débit du compte correspondant, un solde créditeur l'étant au crédit. Chaque inscription est précédée de la mention « à nouveau » (ou « report à nouveau »)

L'extourne des écritures de régularisation

Au début de l'exercice, il convient de contre-passer les écritures de régularisation enregistrées à la fin de l'exercice précédent. L'objet de cette procédure est de mettre à jour les comptes de charges et de produits pour le montant correspondant au nouvel exercice (charges à payer et produits à recevoir, charges et produits constatés d'avance).

Thème d'étude

Les opérations d'inventaire étant achevées, la SARL Merlin peut désormais clôturer ses comptes et déterminer le résultat de son activité N.

Déterminons les ventes nettes

(dernière écriture d'inventaire)

	Reports	**265 287 907**	**265 287 907**
31/12/N	7011 – Ventes de mouchoirs	282 386	
	709 – RRR accordés sur ventes		282 386
	– Ventes nettes –		
	Totaux du journal	265 570 293	265 570 293

(contrôle important : les colonnes « mouvements » de la balance établie après toutes les écritures d'inventaire (chapitres 9, 10, 11 et 12) doivent être identiques aux totaux du journal.)

Présentons la balance après inventaire au 31 décembre N

N° compte	Comptes	Soldes débiteurs	Soldes créditeurs
101000	Capital		1 200 000
151100	Provisions pour litiges		34 000
157200	Provisions pour gros entretiens et grandes révisions		175 000
164100	Emprunt BNP		315 000
164200	Emprunt CCF		81 250
168840	Intérêts courus		5 944
205100	Brevets	43 000	
205200	Logiciels	45 600	
207000	Fonds commercial	200 000	
211000	Terrains	50 000	
213000	Constructions	2 350 000	
213500	Install. gén., agencements, aménagements des constructions	840 000	
215400	Matériel industriel	2 930 000	
215500	Outillage industriel	920 000	
218100	Install. gén., agenc., aménag. divers	212 000	
218200	Matériel de transport	372 000	
218300	Matériel de bureau et informatique	287 000	
218400	Mobilier	102 000	
261000	Titres de participations	62 000	
271000	Titres immobilisés	120 000	
274000	Prêts	25 000	
275000	Dépôts et cautionnements	45 000	
276820	Intérêts courus sur prêt	104	
280510	Amortissement des brevets		8 600
280520	Amortissement des logiciels		12 530
281310	Amortissement des contructions		55 164
281350	Amort. des install., agencements, aménagements des constructions		21 172
281540	Amortissement des matériels industriels		672 584
281550	Amortissement de l'outillage industriel		86 250
281810	Amort. des install. agencements, aménagements divers		13 359
281820	Amortissement du matériel de transport		99 633
281830	Amort. du matériel de bur. et info.		61 346
281840	Amortissement du mobilier		7 685

297100	Dépréciation des titres immobilisés		60 000
311100	Stock matière première Rauma	452 370	
311200	Stock matière première Stora	651 130	
311300	Stock matière première Tartas	549 270	
326000	Stock d'emballages	64 200	
355100	Stock mouchoirs	834 270	
355200	Stock serviettes	775 170	
391110	Dépréciation stock Rauma		38 270
391130	Dépréciation stock Tartas		37 320
392600	Dépréciation stock emballages		8 025
395510	Dépréciation stock mouchoirs		42 600
395520	Dépréciation stock serviettes		36 200
401000	Fournisseurs		10 329 016
403100	Fournisseurs – Effets à payer		803 692
408100	Fournisseurs – Factures non parvenues		95 861
409600	Fourn. – Créances pour emball. à rendre	13 848	
411000	Clients	2 999 808	
413100	Clients – Effets à recevoir	4 547 374	
416000	Clients douteux	791 752	
418000	Clients – Factures à établir	252 356	
419600	Clients – Dettes pour emball. à rendre		75 770
431000	Urssaf		182 067
437100	Assedic		33 772
437200	Retraite Complémentaire		25 084
445510	TVA à décaisser		256 315
445860	TVA sur factures non parvenues	9 761	
445870	TVA sur factures à établir		41 356
447000	Autres impôts, taxes et versements assimilées		124 430
455100	Associés – Comptes courants – Principal		165 000
455800	Comptes courants – Intérêts courus		4 950
486000	Charges constatées d'avance	258 583	
491000	Dépréciation créances clients		281 000
503000	VMP – Actions	41 166	
511200	Chèques à encaisser	468 017	
511300	Effets à l'encaissement	643 433	
512000	Banque		473 092
530000	Caisse	2 560	
590300	Dépréciation des VMP		25 266
601100	Achats pâte Rauma	5 198 425	
601200	Achats pâte Stora	5 673 547	
601300	Achats pâte Tartas	5 698 023	
602600	Achats d'emballages	271 254	

603110	Variation stock mat. prem. Rauma		377 370
603120	Variation stock mat. prem. Stora		614 130
603130	Variation stock mat. prem. Tartas		549 270
603260	Variation stock d'emballages		64 200
606100	Achats de fournitures non stockables	661 277	
607000	Achats de marchandises	921 101	
612000	Redevances de crédit-bail mobilier	17 417	
613200	Locations	127 872	
615000	Entretien et réparations	624 270	
616000	Primes d'assurance	263 435	
617000	Études et recherches	270 987	
621000	Personnel extérieur à l'entreprise	2 682 872	
622000	Rémunérations d'intermédiaires	199 654	
623000	Publicité, publications et relations publiques	2 527 318	
624000	Transports et déplacements	526 396	
625000	Déplacements, missions, réceptions	131 211	
626000	Frais postaux et télécommunications	852 932	
627000	Services bancaires	49 128	
635110	Autres impôts, taxes et vers. assimilés	407 377	
641000	Rémunérations du personnel	5 255 504	
645000	Charges de Sécurité sociale	2 233 445	
654000	Pertes sur créances irrecouvrables	128 000	
658000	Charges diverses de gestion courante	24 177	
661100	Intérêts des emprunts et dettes	89 183	
661500	Intérêts des comptes courants	4 950	
661600	Intérêts bancaires sur opér. de fin.	22 878	
665000	Escomptes accordés	29 154	
671000	Charges except sur opér. de gestion	19 538	
675000	Valeur nette comptable des éléments d'actifs cédés	257 725	
678000	Charges exceptionnelles	8 732	
681100	DADP – Charges d'exploitation	1 750 013	
686100	DADP – Charges financières	85 266	
701100	Ventes de mouchoirs		17 117 468
701200	Ventes de serviettes		20 418 279
707000	Ventes de marchandises		1 197 300
708500	Ports facturés		792 320
713510	Production stockée de mouchoirs		794 270
713550	Production stockée de serviettes		745 170
762400	Revenus des prêts		2 292
765000	Escomptes obtenus		32 854
767000	Produits nets sur cession de VMP		67 578
771000	Prod. exceptionnels sur opér. de gest.		12 729
775000	Prod. des cessions d'éléments d'actif		150 000
791000	Transfert de charges d'exploitation		48 000
	Total général balance	**58 971 833**	**58 971 833**

■ Déterminons le résultat de l'exercice (écriture simplifiée)

31/12/N	xxx – Comptes de gestion à soldes créditeurs	41 378 260	
	xxx – Comptes de gestion à soldes débiteurs		35 408 091
	120 – Résultat de l'exercice		5 970 169
	– Détermination du résultat de l'ex. –		

■ Présentons le bilan de la SARL Merlin au 31/12/N (sytème classique)

ACTIF	Exercice N			N – 1
	Brut	Amort. et Dépréc.	Net	Net
Actif immobilisé				
Immob. incorporelles				
Frais d'établissement				
Frais de recherche et développement				
Concessions, brevets, licences…	88 600	21 130	67 470	
Fonds commercial	200 000		200 000	
Autres immobilisations incorporelles				
Avances et acomptes sur immob. incorpor.				
Immobilisations corporelles				
Terrains	50 000		50 000	
Constructions	3 190 000	76 336	3 113 664	
Install. techn., matériels et outillages industriels	3 850 000	758 834	3 091 166	
Autres immobilisations corporelles	973 000	182 023	790 977	
Immobilisations corporelles en cours				
Avances et acomptes sur immob. corpor.				
Immobilisations financières				
Participations	62 000		62 000	
Créances rattachées à des participations				
Autres titres immobilisés	120 000	60 000	60 000	
Prêts	25 104		25 104	
Autres immob. financières	45 000		45 000	
Total (1)	8 603 704	1 098 323	7 505 381	

Actif circulant				
Stocks et en cours				
Matières premières et autres approvision.	1 716 970	83 615	1 633 355	
En cours de production				
Produits intermédiaires et finis	1 609 440	78 800	1 530 640	
Avances et acomptes versés sur commandes				
Créances				
Créances Clients et comptes rattachés	8 591 290	281 000	8 310 290	
Autres créances	23 609		23 609	
Capital souscrit-appelé, non versé				
Valeurs mobilières de placement	41 166	25 266	15 900	
Disponibilités	1 114 010		1 114 010	
Charges constatées d'avance	258 583		258 583	
Total (2)	13 355 068	468 681	12 886 387	
Primes remboursement des emprunts **(4)**				
Écart de conversion actif **(5)**				
TOTAL GÉNÉRAL (1) + (2) + (3) + (4) + (5)	**21 958 772**	**1 567 004**	**20 391 768**	

PASSIF	Exercice N	N-1
Capitaux propres		
Capital social	1 200 000	
Primes d'émission, de fusion, d'apport		
Écarts de réévaluation		
Réserves :		
Réserve légale		
Réserves statutaires ou contractuelles		
Réserves réglementées		
Autres réserves		
Report à nouveau		
Résultat de l'exercice (bénéfice ou perte)	5 970 169	
Subventions d'investissement		
Provisions réglementées		
Total (1)	7 170 169	
Provisions		
Provisions pour risques	34 000	
Provisions pour charges	175 000	
Total (2)	209 000	
Dettes		
Emprunts obligataires convertibles		
Autres emprunts obligataires		
Emprunts et dettes auprès d'établisements de crédit	869 342	
Emprunts et dettes financières diverses	175 894	
Avances et acomptes reçus sur commandes en cours		
Dettes fournisseurs et comptes rattachés	11 228 569	
Dettes fiscales et sociales	663 024	
Dettes sur immobilisations et comptes rattachés		
Autres dettes	75 770	
Produits constatés d'avances		
Total (3)	13 012 599	
Écarts de conversion passif **(4)**		
TOTAL GÉNÉRAL (1) + (2) + (3) + (4)	**20 391 768**	

■ Compte de résultat de la SARL Merlin – Exercice N (présentation en liste – système classique)

Compte de résultat	Exercice N	N – 1
Produits d'exploitation		
Ventes de marchandises	1 197 300	
Production vendue (biens et services)	38 328 067	
Chiffre d'affaires net	39 525 367	
Production stockée	1 539 440	
Production immobilisée		
Subventions d'exploitation		
Reprises sur amort., dépréciations et provisions, transferts de charges	48 000	
Autres produits	41 112 807	
Total (1)		
Charges d'exploitation		
Achats de marchandises	921 101	
Variation de stocks		
Achats de matières premières et autres approvisionnements	16 841 249	
Variation de stocks	–1 604 970	
Autres achats et charges externes	8 934 769	
Impôts, taxes et versements assimilés	407 377	
Salaires et traitements	5 255 504	
Charges sociales	2 233 445	
Dotations aux amortissements, aux dépréciations et aux provisions :		
Sur immobilisations : dotations aux amortissements	1 097 598	
Sur actif circulant : dotations aux dépréciations	443 415	
Provisions	209 000	
Autres charges	152 177	
Total (2)	34 890 665	
Résultat d'exploitation (1) – (2)	**6 222 142**	
Opérations en commun		
Opérations en commun (+) **(3)**		
Opérations en commun (–) **(4)**		
Produits financiers		
De participation		
D'autres valeurs mobilières et créances de l'actif immobilisé	2 292	
Autres intérêts et produits assimilés	32 854	
Reprises sur dépréciation et transferts de charges		
Différences positives de change		
Produits nets sur cessions de valeurs mobilières de placement	67 578	
Total (5)	102 724	

Charges financières Dotations aux dépréciations des titres Intérêts et charges assimilées Différences négatives de change Charges nettes sur cessions de VMP	**Total (6)**	 85 266 146 165 231 431	
Résultat financier	**(5) – (6)**	–128 707	
Résultat courant	**(1) – (2) + (3) – (4) + (5) – (6)**	6 822 939	
Produits exceptionnels Sur opérations de gestion Sur opérations en capital Reprises sur provisions et transferts de charges	**Total (7)**	 12 729 150 000 162 729	
Charges exceptionnelles Sur opérations de gestion Sur opérations en capital Dotations aux provisions	**Total (8)**	 19 538 266 457 285 995	
Résultat exceptionnel	**(7) – (8)**	–123 266	
Participation des salariés aux résultats Impôts sur les bénéfices	**(9)** **(10)**		
Total produits **Total charges**	**(1) + (3) + (5) + (7)** **(2) + (4) + (6) + (8) + (9) + (10)**	**41 378 260** **35 408 091**	
RÉSULTAT DE L'EXERCICE		**5 970 169**	

■ Réouverture des comptes de bilan au 01/01/N + 1 (écriture simplifiée)

31/12/N + 1	xxx – Comptes de bilan à soldes débiteurs xxx – Comptes de bilan à soldes créditeurs *– Réouverture de l'exercice –*	21 958 772	21 958 772

RCICE

e-passation des écritures de régularisation des comptes de n

01/01/N	6013 – Achats de mat. premières Tartas 486 – Charges constatées d'avance *– Livraison Tartas à recevoir –*	254 000,00	 254 000,00
01/01/N	6122 – Redevance crédit-bail mobilier 486 – Charges constatées d'avance *– Fraction réglée en N –*	4 583,00	 4 583,00
01/01/N	4081 – Fourn. – factures non parvenues 626 – Frais postaux et de télécom. 44586 – État – TVA sur factures non parvenues *– Facture de téléphone à recevoir –*	9 328,80	 7 800,00 1 528,80
01/01/N	4081 – Fourn. – factures non parvenues 616 – Primes d'assurance *– Quittance d'assurance à recevoir –*	36 300,00	 36 300,00
01/01/N	4081 – Fourn. – factures non parvenues 622 – Rémunérations d'intermédiaires et honoraires 44586 – État – TVA sur factures non parvenues *– Honor. expert-comptable à recevoir –*	11 960,00	 10 000,00 1 960,00
01/01/N	1688 – Intérêts courus 6611 – Intérêts des emprunts *– Avis d'échéance BNP et CCF à recevoir –*	5 944,00	 5 944,00
01/01/N	7011 – Ventes mouchoirs 7011 – Ventes serviettes 44587 – État – TVA sur factures à établir 418 – Clients – Factures à établir *– Facture Vercors à établir –*	125 000,00 86 000,00 41 356,00	 252 356,00
01/01/N	7624 – Revenus des prêts 27684 – Intérêts courus sur prêts *– Intérêts du prêt salarié à recevoir –*	104,00	 104,00
01/01/N	4081 – Fourn. factures non parvenues 6061 – Achats non stockés de fournitures 44586 – État – TVA sur factures non parvenues *– Facture électricité non parvenue –*	38 272,00	 32 000,00 6 272,00
01/01/N	4558 – Ass. comptes courants intérêts courus 6615 – Intérêts des comptes cour. *– Intérêts du compte courant –*	4 950,00	 4 950,00

Corrigé des exercices

Chapitre 1

Exercice 1

Bilan de la société Pym au 01/09/N

ACTIF	Montants	PASSIF	Montants
Actif immobilisé		**Capitaux propres**	
Terrain	9 000	Capital social	15 300
Matériel de transport	5 800		
Titres de participation	1 500		
Actif circulant		**Dettes**	
Stock de marchandises	3 500	Emprunt	15 300
Créances – clients	2 700		
Banque	6 700		
Caisse	1 400		
TOTAL	**30 600**	**TOTAL**	**30 600**

Exercice 2

Bilan de l'entreprise Gaspard au 01/09/N

ACTIF	Montants	PASSIF	Montants
Actif immobilisé		**Capitaux propres**	
Entrepôt	30 000	Capital individuel	91 000
Matériel industriel	15 000		
Actif circulant		**Dettes**	
Stock de bouteilles	75 000	Emprunt	12 000
Banque	4 000	Dettes Château-Petrus	21 000
TOTAL	**124 000**	**TOTAL**	**124 000**

Commentaire. Il faut distinguer les patrimoines professionnel et privé de M. Gaspard. Pour cette raison, il convient d'écarter du bilan de l'entreprise certains éléments :
- le studio de Carnac n'a aucun rapport avec l'entreprise située à Blaye ;
- l'Opel Vectra est un véhicule privé ;
- le tableau de Marie Laurencin décore l'appartement de Carnac ;
- l'emprunt bancaire de 11 000 € a servi à financer une acquisition privée.

Chapitre 2

Exercice 1

1.

Actif

D Matériel transport	C
6 000	
SD = 6 000	

D Stock marchandises	C
45 000	
SD = 45 000	

D Caisse	C
1 000	
SD = 1 000	

D Matériel bureau	C
1 500	
SD = 1 500	

D Logiciels	C
11 000	
SD = 11 000	

D Banque	C
40 000	45 000
15 000	1 000
	1 500
	11 000
SC = 3 500	

Passif

D Capital	C
	40 000
	6 000
SC = 46 000	

D Emprunt	C
	15 000
SC = 15 000	

2.

Bilan fin janvier de l'entreprise Salat

ACTIF	Montants	PASSIF	Montants
Actif immobilisé		**Capitaux propres**	
Logiciels	11 000	Capital social	46 000
Matériel informatique	1 500		
Matériel de transport	6 000		
Actif circulant		**Dettes**	
Stock de marchandises	45 000	Emprunt	15 000
Caisse	1 000	Banque	3 500
TOTAL	**64 500**	TOTAL	**64 500**

Commentaire.

– Le réseau informatique n'est pas destiné à la revente mais à l'équipement de l'entreprise ; il va être conservé durablement et est donc intégré à l'actif immobilisé.

– Le compte « Banque » est normalement un compte d'actif. Dans ce bilan, il figure au passif, car le compte est à découvert et son solde est donc assimilé à une dette.

Exercice 2

1.

Tableau d'évolution du patrimoine (en milliers d'€)

	1/1	1	2	3	4	5	6	7	8	8/1
Actif										
Constructions	40									40
Banque	5	+ 25	– 2	– 4	– 5	– 7	+ 4,7	– 0,3	– 4	12,4
Matériel info.	20				+ 5					25
Mat. de transp.	6					+ 7				13
Créances – clients	5,7						– 4,7			1
Caisse	0,5							+0,3		0,8
Passif										
Capital	45	+ 25								70
Emprunt	20		– 2							18
Dettes – fourn.	8,2			– 4						4,2
Dettes – État	4								– 4	0

1 Augmentation de capital
2 Règlement d'une fraction de l'emprunt
3 Règlement à un fournisseur
4 Achat de matériel informatique
5 Achat d'un véhicule
6 Règlement d'un client
7 Retrait de la banque
8 Règlement de la dette à l'État

Tableau des emplois/ressources

Num.	Emplois		Ressources	
1	Banque	25 000	Capital	25 000
2	Emprunt	2 000	Banque	2 000
3	Dettes – fournisseurs	4 000	Banque	4 000
4	Matériel informatique	5 000	Banque	5 000
5	Matériel de transport	7 000	Banque	7 000
6	Banque	4 700	Créances – clients	4 700
7	Caisse	300	Banque	300
8	Dettes – État	4 000	Banque	4 000

2.

Banque

Débit					**Crédit**
Date	Libellé	Montant	Date	Libellé	Montant
01/01	**Solde initial débiteur**	**5 000**	2	Remboursement emprunt	2 000
1	Apport	25 000	3	Règlement fournisseur	4 000
6	Règlement client	4 700	4	Achat matériel info.	5 000
			5	Achat véhicule	7 000
			7	Retrait	300
			8	Règlement dette – État	4 000
			08/01	**Solde final débiteur**	**12 400**
	Totaux	34 700		Totaux	34 700

Chapitre 3

Exercice 1

Compte de résultat d'ANARES

CHARGES		PRODUITS	
Achats de marchandises Salaires Charges sociales Loyers Publicité Honoraires Frais télécommunications	60 500 22 700 9 080 4 200 1 694 847 480	Ventes de marchandises Autres produits exploitation	84 700 4 235
Total des charges	**99 501**	**Total des produits**	**88 935**
Bénéfice		**Perte**	**10 566**
Total général	**99 501**	**Total général**	**99 501**

Exercice 2

1. Variation du stock de polyuréthane : 9 800 – 11 100 = – 1 300 €
Variation du stock de calottes : 20 300 – 26 600 = – 6 300 €
2.

Compte de résultat en liste N d'Ugo

Produits d'exploitation		
Ventes de calottes	212 100	
Production stockée	– 6 300	
Autres produits d'exploitation	6 900	
Charges d' exploitation		
Achats de polyuréthane	61 300	
Variation du stock de polyuréthane	– 1 300	
Services extérieurs	51 100	
Impôts	27 800	
Charges de personnel	78 500	
Autres charges d'exploitation	12 100	
Résultat d'exploitation		**– 16 800**

Compte de résultat en liste N d'Ugo (suite)

Produits financiers **Charges financières**	2 900 10 100	
Résultat financier		**– 7 200**
Résultat courant		**– 24 000**
Produits exceptionnels **Charges exceptionnelles**	14 000 5 500	
Résultat exceptionnel		**8 500**
RÉSULTAT DE L'EXERCICE		**– 15 500**

Chapitre 4

Exercice

1.

Journal d'Adis

Dates	Intitulés	Débits	Crédits
1	411 – Clients	8 900	
	701 – Ventes de produits finis		8 900
	– Facture V100 à KARGO –		
2	601 – Achats de matières premières	2 800	
	401 – Fournisseurs		1 400
	512 – Banque		1 400
	– Facture A100 à VITAL –		
3	630 – Impôts et taxes	570	
	440 – État et autres collectivités publ.		570
	– Taxe professionnelle –		
4	164 – Emprunts	1 500	
	661 – Charges d'intérêts	45	
	512 – Banque		1 545
	– Annuité d'emprunt –		
5	431 – Sécurité sociale	400	
	512 – Banque		400
	– Chèque 51 –		
6	215 – Installations techniques	2 700	
	404 – Fournisseurs d'immob.		2 700
	– Facture A101 de Xeb –		

7	512 – Banque 740 – Subventions d'exploitation *– Subvention Conseil Régional –*	450	 450
8	205 – Brevets & licences 512 – Banque *– Facture A1O2 –*	470	 470
9	411 – Clients 512 – Banque 707 – Ventes de marchandises *– Facture V101 à Boxo –*	850 850	 1 700
10	623 – Publicité 512 – Banque *– Facture A103 –*	230	 230
11	6411 – Salaires 512 – Banque *– Virement VI1 –*	3 500	 3 500
12	440 – État et autres collectivités publiques 512 – Banque *– Chèque 54 –*	250	 250
13	512 – Banque 411 – Clients *– Règlement de Kargo –*	8 900	 8 900
14	601 – Achat de matières premières 401 – Fournisseurs *– Facture A104 de Tandi –*	750	 750
15	626 – Frais postaux & télécommunications 401 – Fournisseurs *– Facture A105 de France Telecom –*	80	 80
16	512 – Banque 530 – Caisse *– Pièce de caisse n° 2 –*	400	 400
17	401 – Fournisseurs 512 – Banque *– Chèque 55 à France Telecom –*	80	 80
18	440 – État et autres collectivités publiques 512 – Banque *– Taxe professionnelle/chèque 56 –*	570	 570
19	512 – Banque 411 – Clients *– Règlement de Saby –*	900	 900
	Totaux	**35 195**	**35 195**

2. Grand livre d'Adis

ACTIF

207

25 000	

Solde D 25 000

215

20 000	
2 700	

Solde D 22 700

2 183

8 000	

Solde D 8 000

370

2 000	

Solde D 2 000

355

7 000	

Solde D 7 000

530

450	400

Solde D 50

512

3 500	1 400
450	1 545
850	400
8 900	470
400	230
900	3 500
	80
	570
	250

Solde D 6 555

411

7 000	8 900
8 900	900
850	

Solde D 6 950

PASSIF

101

	37 000

Solde C 37 000

164

1 500	*30 000*

Solde C 28 500

431

400	*400*

Solde N 0

440

250	*250*
570	570

Solde N 0

401

80	*5 500*
	1 400
	750
	80

Solde C 7 650

404

	2 700

Solde C 2 700

CHARGES

601

750	
2 800	

Solde D 3 550

626

80	

Solde D 80

623

230	

Solde D 230

661

45	

Solde D 45

6411

3 500	

Solde D 3 500

PRODUITS

701

	8 900

Solde C 8 900

707

	1 700

Solde C 1 700

740

	450

Solde C 450

	205
470	

Solde D
470

	310
200	

Solde D
200

Balance d'Adis au 20/01/N

Num.	**Intitulés**	**Soldes**	
		débiteurs	**créditeurs**
101	Capital		37 000
164	Emprunts		28 500
205	Brevets et licences	470	
207	Fonds commercial	25 000	
215	Installations techniques	22 700	
2183	Matériel de bureau	8 000	
310	Stock de matières premières	200	
355	Stock de produits finis	7 000	
370	Stock de marchandises	2 000	
401	Fournisseurs		7 650
404	Fournisseurs d'immobilisations		2 700
411	Clients	6 950	
512	Banque	6 555	
530	Caisse	50	
601	Achats de matières premières	3 550	
623	Publicité	230	
626	Frais postaux	80	
630	Impôts et taxes	570	
6411	Salaires	3 500	
661	Charges d'intérêts	45	
701	Ventes de produits finis		8 900
707	Ventes de marchandises		1 700
740	Subventions d'exploitation		450
	Totaux	**86 900**	**86 900**

3.

Bilan d'Adis au 20/01/N

ACTIF		PASSIF	
Actif immobilisé		**Capitaux propres**	
Brevets et licences	470	Capital social	37 000
Fonds commercial	25 000	*Résultat*	*– 725*
Installations techniques	22 700		
Matériel de bureau	8 000		
Actif circulant		**Dettes**	
Stock de matières premières	2 300	Emprunts	28 500
Stock de produits finis	2 000	Fournisseurs	7 650
Stock de marchandises	1 100	Fournisseurs d'immobilisations	2 700
Clients	6 950		
Banque	6 555		
Caisse	50		
TOTAL	**75 125**	TOTAL	**75 125**

Compte de résultat d'Adis au 20/01/N

CHARGES	Montants	PRODUITS	Montants
Charges exploitation		**Produits exploitation**	
Achats de mat. premières	3 550	Ventes de prod. finis	8 900
Var. stock mat. premières	– 2 100	Ventes de marchandises	1 700
Var. stock marchandises	900	Production stockée	– 5 000
Publicité	230	Subventions d'exploitation	450
Frais postaux	80		
Impôts et taxes	570		
Salaires	3 500		
Charges financières			
Charges d'intérêts	45		
Total des charges	**6 775**	**Total des produits**	**6 050**
Bénéfice		***Perte***	***725***
TOTAL GÉNÉRAL	**6 775**	TOTAL GÉNÉRAL	**6 775**

Chapitre 5

Exercice

Dates	Intitulés	Débit	Crédit
02/10/N	411 – Clients	23 295,68	
	7085 – Ports facturés		250,00
	4457 – État – TVA collectée		3 817,68
	707 – Ventes de marchandises		19 228,00
	– Facture V112 à Vêtimax –		
03/10/N	411 – Clients	26 965,77	
	665 – Escomptes accordés	460,13	
	4457 – État – TVA collectée		4 419,14
	707 – Ventes de marchandises		23 006,76
	– Facture V113 à Raille –		
04/10/N	607 – Achats de marchandises	188 349,18	
	624 – Frais de transport	1 500,00	
	4456 – État – TVA déductible	36 841,27	
	765 – Escomptes obtenus		1 883,49
	401 – Fournisseurs		224 806,96
	– Facture A23 de Maille Usine –		
05/10/N	707 – Ventes de marchandises	3 864,00	
	4457 – État – TVA collectée	757,34	
	411 – Clients		4 621,34
	– Avoir AV123 à Vêtimax –		
06/10/N	709 – RRRA	857,10	
	4457 – État – TVA collectée	168,00	
	411 – Clients		1 025,10
	– Avoir AV124 à Carry –		
08/10/N	401 – Fournisseurs	227,24	
	4456 – État – TVA déductible		37,24
	765 – Escomptes obtenus		190,00
	– Avoir AV125 de Fil2000 –		
09/10/N	411 – Clients	15 922,70	
	4457 – État – TVA collectée		2 609,40
	707 – Ventes de marchandises		13 313,30
	– Facture V118 à Sportville –		
11/10/N	709 – RRRA	2 875,00	
	4457 – État – TVA collectée	563,50	
	411 – Clients		3 438,50
	– Avoir AV90 à Sporting –		
	Totaux	**302 646,91**	**302 646,91**

Chapitre 6

Exercice 1

1.

État de rapprochement au 30/11

Opérations	Jardin		Banque	
	D	C	D	C
Solde 30/11	**3 800,00**			**59 000,00**
Escompte		320,00		
Virement Dupont	5 300,00			
Intérêts sur titres	1 320,00			
Chèque 8488			700,00	
Chèque 8492			4 500,00	
Virements			43 700,00	
Totaux	**10 420,00**	**320,00**	**48 900,00**	**59 000,00**
Soldes	**débiteur de 10 100,00**		**créditeur de 10 100,00**	

Ces comptes sont dits réciproques, car à une créance de la banque sur l'entreprise correspond une dette de la banque envers l'entreprise et inversement, ce qui explique des soldes de nature opposée.

Les opérations sur le compte banque révélées par le relevé bancaire doivent être enregistrées dans le journal de l'entreprise.

2.

30/11	512 – Banque	6 620,00	
	411 – Clients		5 300,00
	761 – Produits de participations		1 320,00
	– D'après état de rapprochement –		
30/11	6616 – Intérêts bancaires	283,82	
	627 – Services bancaires	30,25	
	4456 – État – TVA déductible	5,93	
	512 – Banque		320,00
	– D'après état de rapprochement –		

Exercice 2

Dates	Intitulés	Débits	Crédits
05/05	411 – Clients	7 558,31	
	707 – Ventes de marchandises		6 319,66
	4457 – État – TVA collectée		1 238,65
	– Facture 51 à Dixo –		
06/05	411 – Clients	6 349,48	
	707 – Ventes de marchandises		5 308,93
	4457 – État – TVA collectée		1 040,55
	– Facture 52 à BALB –		
07/05	411 – Clients	6 140,85	
	707 – Ventes de marchandises		5 134,49
	4457 – État – TVA collectée		1 006,36
	– Facture 53 à SIMM –		
09/05	413 – Clients – Effets à recevoir	7 558,31	
	411 – Clients		7 558,31
	– Lettre de change 18 sur Dixo –		
10/05	413 – Clients – Effets à recevoir	6 349,48	
	411 – Clients		6 349,48
	– Billet à ordre 23 de BALB –		
11/05	413 – Clients – Effets à recevoir	6 140,85	
	411 – Clients		6 140,85
	– Lettre de change 19 sur Simm –		
15/05	401 – Fournisseurs	6 140,85	
	413 – Clients – Effets à recevoir		6 140,85
	– Endossement lettre de change 19 à Ormen –		
30/06	5114 – Effets à l'escompte	7 558,31	
	413 – Clients – Effets à recevoir		7 558,31
	– Remise à l'escompte lettre de change 18 –		
08/07	512 – Banque	7 419,50	
	6616 – Intérêts bancaires	119,67	
	627 – Services bancaires	16,00	
	4456 – État – TVA déductible	3,14	
	5114 – Effets à l'escompte		7 558,31
	– Escompte lettre de change 18 –		
12/07	5113 – Effets à l'encaissement	6 349,48	
	413 – Clients – Effets à recevoir		6 349,48
	– Remise à l'encaissement billet à ordre 23 –		

19/07	512 – Banque 627 – Services bancaires 4456 – État – TVA déductible 5113 – Effets à l'encaissement *– Encaissement billet à ordre 23 –*	6 330,34 16,00 3,14	 6 349,48
20/07	607 – Achats de marchandises 4456 – État – TVA déductible 401 – Fournisseurs *– Facture 17 de VETIX –*	17 491,67 3 428,37	 20 920,04
21/07	607 – Achats de marchandises 4456 – État – TVA déductible 401 – Fournisseurs *– Facture 18 d'Otto –*	37 520,89 7 354,10	 44 874,99
22/07	401 – Fournisseurs 403 – Fournisseurs – Effets à payer *– Billet à ordre 235 à VETIX –*	20 920,04	 20 920,04
23/07	401 – Fournisseurs 403 – Fournisseurs – Effets à payer *– Lettre de change 148 d'OTTO –*	44 874,99	 44 874,99
05/08	403 – Fournisseurs – Effets à payer 512 – Banque *– Règlement effets 235 et 148 échus –*	65 795,03	 65 795,03
08/08	411 – Clients 413 – Clients – Effets à recevoir *– Annulation lettre de change 390 sur Tuttin –*	43 560,00	 43 560,00
10/08	413 – Clients – Effets à recevoir 411 – Clients 763 – Revenus des autres créances 4457 – État – TVA collectée *– Lettre de change 433 sur Tuttin –*	43 907,32	 43 560,00 290,40 56,92
	Totaux	**352 765,27**	**352 765,27**

Chapitre 7

Exercice

1. Bulletins de salaire

Bulletin de salaire

CAVUS

Siret	34360692
Urssaf	860236T

NAF	511 L
Convention collective	commerce

Emploi	secrétaire
Date d'entrée	01/10/N-4
N°SS	

M	**PRIMAS Coralie**
Adresse	**1, rue de Paris**
Ville	**33000 Bordeaux**

Période du 01/01/N	au 31/01/N
Payé le	31/01/N

	Heures	Taux horaire	Montants
Salaire de base	151,67	11,56	1 752,81
HS 10 %	8,00	12,71	101,70
HS 25 %	4,00	14,45	57,78
HS 50 %	2,00	17,34	34,67
Primes			100,00
		Salaire brut	**2 046,96**

Intitulés	Part salariale			Part patronale		
	Base	Taux	Montant	Base	Taux	Montant
Urssaf ←			**312,17**			**610,00**
CSG	1 985,55	7,50 %	148,92			
Maladie	2 046,96	0,75 %	15,35	2 046,96	12,80 %	262,01
Vieillesse plafonnée	2 046,96	6,65 %	136,12	2 046,96	8,30 %	169,90
Vieillesse déplafonnée	2 046,96	0,10 %	2,05	2 046,96	1,60 %	32,75
Accidents du travail				2 046,96	1,30 %	26,61
Allocations familiales				2 046,96	5,40 %	110,54
Aide au logement plafonnée				2 046,96	0,10 %	2,05
CSA				2 046,96	0,30 %	6,14
CRDS	1 985,55	0,50 %	9,93			
Assedic ←			**49,95**			**85,77**
Chômage	2 046,96	2,44 %	49,95	2 046,96	4,04 %	82,70
AGS (FNGS)				2 046,96	0,15 %	3,07
Retraite complémentaire ←			**77,78**			**116,68**
Non-cadres	2 046,96	3,00 %	61,41	2 046,96	4,50 %	92,11
Cadres tranche A						
Cadres tranche B						
Apec						
Assurance décès						
CET						
AGFF tranche A	2 046,96	0,80 %	16,38	2 046,96	1,20 %	24,56
AGFF tranche B						
Total cotisations		**salariales**	**440,10**		**patronales**	**812,44**

Salaire net	**1 606,87**
Autres sommes	
à déduire	
à verser	
Salaire net à payer	**1 606,87**

Salaire imposable

du mois	**1 664,45**	← salaire net à payer + CRDS + CSG en partie (2,40 %)
de l'année	**1 664,45**	

À conserver
sans limitation de durée

Bulletin de salaire

CAVUS

Siret	34360692	NAF	511 L
Urssaf	860236T	Convention collective	commerce

Emploi	cadre
Date d'entrée	01/10/N-3
N°SS	

M	**GUILLERMIC Damien**
Adresse	**3, rue Richard Lenoir**
Ville	**33000 Bordeaux**

Période du 01/01/N	au 31/01/N
Payé le	31/01/N

	Heures	Taux horaire	Montants
Salaire de base			3 050,00
HS 25 %			
HS 50 %			
Primes			200,00
		Salaire brut	**3 250,00**

Intitulés	Part salariale			Part patronale		
	Base	Taux	Montant	Base	Taux	Montant
Urssaf			451,99			912,98
CSG	3 152,50	7,50 %	236,44			
Maladie	3 250,00	0,75 %	24,38	3 250,00	12,80 %	416,00
Vieillesse plafonnée	2 589,00	6,65 %	172,17	2 589,00	8,30 %	214,89
Vieillesse déplafonnée	3 250,00	0,10 %	3,25	3 250,00	1,60 %	52,00
Accidents du travail				3 250,00	1,30 %	42,25
Allocations familiales				3 250,00	5,40 %	175,50
Aide au logement plafonnée				2 589,00	0,10 %	2,59
CSA				3 250,00	0,30 %	9,75
CRDS	3 152,50	0,50 %	15,76			
Assedic			79,30			136,18
Chômage	3 250,00	2,44 %	79,30	3 250,00	4,04 %	131,30
AGS (FNGS)				3 250,00	0,15 %	4,88
Retraite complémentaire			159,61			285,67
Non-cadres						
Cadres tranche A	2 589,00	3,00 %	77,67	2 589,00	4,50 %	116,51
Cadres tranche B	661,00	7,70 %	50,90	661,00	12,60 %	83,29
APEC	661,00	0,024 %	0,16	661,00	0,036 %	0,24
Assurance décès				2 589,00	1,50 %	38,84
CET	3 250,00	0,13 %	4,23	3 250,00	0,22 %	7,15
AGFF tranche A	2 589,00	0,80 %	20,71	2 589,00	1,20 %	31,07
AGFF tranche B	661,00	0,90 %	5,95	661,00	1,30 %	8,59
Total cotisations		**salariales**	**690,91**		**patronales**	**1 334,83**
Salaire net			**2 559,09**			
Autres sommes						
à déduire						
à verser			**75,00**			
Salaire net à payer			**2 634,09**			

Salaire imposable

du mois	**2 650,52**
de l'année	**2 650,52**

À conserver
sans limitation de durée

2.

Dates	Intitulés	Débits	Crédits
31/01	6411 – Salaires	5 296,96	
	6247 – Transports collectifs du personnel	75,00	
	421 – Personnel – rémunérations dues		4 240,96
	431 – Sécurité sociale		764,36
	4371 – Assedic		129,25
	4372 – Organismes de retraite		237,39
	– Salaires de janvier –		
31/01	645 – Charges patronales	2 147,27	
	431 – Sécurité sociale		1 522,98
	4371 – Assedic		221,95
	4372 – Organismes de retraite		402,35
	– Charges patronales de janvier –		

Chapitre 8

Exercice

Dates	Intitulés	Débits	Crédits
1	44571 – État – TVA collectée	135 788,00	
	44566 – État – TVA déduct. sur ABS		56 812,00
	44562 – État – TVA déductible sur immobilisations		22 669,00
	44551 – État – TVA à décaisser		56 307,00
	– TVA à décaisser de septembre –		
2	5031 – VMP France-Télécom	392	
	5032 – VMP Peugeot	1 431	
	627 – Services bancaires	175	
	44566 – État – TVA déductible sur ABS	34,30	
	512 – Banque		2 032,30
	– Achat titres –		
3	607 – Achats de marchandises	13 775,00	
	624 – Frais de transport	510,00	
	44566 – État – TVA déductible sur ABS	2 799,86	
	4096 – Fournisseurs, créances sur emballages	600,00	
	403 – Effets à payer		17 084,86
	401 – Fournisseurs		600,00
	– Facture A8765 de KOLAN –		

4	667 – Charges nettes sur cessions de VMP 5031 – VMP France Télécom *– Sortie VMP France Télécom ; 20 x 19,60 –*	392,00	 392,00
4	512 – Banque 627 – Services bancaires 44566 – État – TVA déductible sur ABS 667 – Charges nettes sur cessions de VMP *– Cession VMP France Télécom ; 20 x 19*	369,75 8,57 1,68	 380,00
5	411 – Clients 707 – Ventes de marchandises 7085 – Ports facturés 44571 – État – TVA collectée 4196 – Clients, dettes sur emballages *– Facture V991 à TARKAN –*	23 483,80	 18 700,00 350,00 3 733,80 700,00
6	401 – Fournisseurs 6136 – Malis sur emballages 44566 – État – TVA déductible sur ABS 4096 – Fourn., créances sur emball. *– Avoir 5699 de MILAN –*	464,00 13,38 2,62	 480,00
7	4196 – Clients, dettes sur emballages 411 – Clients *– Avoir AV661 à HUIX –*	1 570,00	 1 570,00
8	275 – Dépôts et cautionnements 612 – Redevances de crédit-bail 44566 – État – TVA déductible sur ABS 512 – Banque *– Règlement crédit-bail –*	1 266,40 1 959,60 384,08	 3 610,08
9	4196 – Clients, dettes sur emballages 7088 – Autres produits annexes 44571 – État – TVA collectée *– Facture V770 à TARKAN –*	700,00	 585,28 114,72
10	164 – Emprunts 6611 – Intérêts des emprunts 512 – Banque *– Annuité d'emprunt –*	14 425,00 3 445,00	 17 870,00
11	2183 – Matériel de bureau et informatique 44562 – État – TVA déductible sur immob. 512 – Banque *– Facture A564 –*	1 462,00 286,55	 1 748,55
	Totaux	**205 739,59**	**205 739,59**

Chapitre 9

Exercice 1

1- Plan d'amortissement

Années	Bases	Annuités	VCN
31/12/N	13 000 (1)	13 000 × 80 000/300 000 × 9/12 = 2 600	12 400
31/12/N+1	13 000	2 600	9 800
31/12/N+2	13 000	2 600	7 200
31/12/N+3	13 000	2 167	5 033
31/12/N+4	13 000	2 166	2 867
31/12/N+5	13 000	867	2 000

(1) 15 000 – 2 000

2- Comptabilisation de l'amortissement pour N

31/12	6811 Dotations aux amortissements des immobilisations 28182 Amortissement matériel de transport	2 600	 2 600

3- Extrait de bilan au 31/12/N

Nature du bien	brut	amortissement	net
Matériel de transport	15 000	2 600	12 400

4- Passation écritures de cession

31/12	6811 Dotations aux amortissements des immobilisations 28182 Amortissement matériel de transport *– amortissement complémentaire N+2 –*	2 383,33	 2 383,33
31/12	28182 Amortissement matériel de transport 675 VCEAC 2182 Matériel de transport *– sortie du bien du patrimoine –*	4 983,33 10 016,66	 15 000,00
31/12	512 Banque 28182 Amortissement matériel de transport *– cession du bien –*	12 338,72	 10 316,66 2 022,06

Exercice 2

1. Taux dégressif : 25 % x 1,25 = 31,25 %

Tableau d'amortissement dégressif du matériel informatique

Date	Base	Annuités	VCN
31/12/N – 1	41 500	9 726,56	31 773,44
31/12/N	31 773,44	9 929,20	21 844,24
31/12/N + 1	21 844,24	10 922,12	10 922,12
31/12/N + 2	21 844,24	10 922,12	0

2. Passation des écritures de cession

31/12	6811 – Dotations aux amortissements	8 274,33	
	28183 – Amort. matériel informatique		8 274,33
	– Amortissement complémentaire pour N –		
31/12	28183 – Amortissement matériel informatique	18 000,89	
	675 – VCEAC	23 499,11	
	2183 – Matériel informatique		41 500,00
	– Sortie du bien –		
31/12	512 – Banque	26 310,94	
	775 – PCEA		21 999,11
	44571 – État – TVA collectée		4 311,83
	– Cession du bien –		

Chapitre 10

Exercice 1

1. Tableau des créances douteuses au 31/12/N – 2

Noms	Créances TTC	Créances HT	Dépréciations (%)	Dépréciations (montants)
Maxi	2 392,00	2 000,00	20	400,00
Billem	4 066,40	3 400,00	60	2 040,00
Tomy	5 980,00	5 000,00	15	750,00
Jack	1 794,00	1 500,00	30	450,00
Lola	5 382,00	4 500,00	10	450,00
Timo	8 372,00	7 000,00	40	2 800,00
			Total	**6 890,00**

Enregistrement comptable des provisions pour N – 2

31/12	416 – Clients douteux	27 986,40	
	411 – Clients		27 986,40
31/12	6817 – Dotations aux dépréciations	6 890,00	
	491 Dépréciation créances clients		6 890,00

2. Tableau des créances douteuses au 31/12/N – 1

Noms	Créances TTC	Créances HT	DEP N – 2	DEP N – 1	DADP	RADP	Créances irrécouvrables	
							HT	TVA
Maxi	2 392,00	2 000,00	400,00	800,00	400,00			
Billem	0	0	2 040,00	0		2 040,00		
Tomy	5 980,00	5 000,00	750,00	1 500,00	750,00			
Jack	1 794,00	1 500,00	450,00	0		450,00	1 500,00	294,00
Lola	5 382,00	4 500,00	450,00	3 150,00	2 700,00			
Timo	5 357,00	4 479,10	2 800,00	0		2 800,00	4 479,10	877,90
Gilles	8 970,00	7 500,00	0	750,00	750,00			
Baba	3 588,00	3 000,00	0	1 800,00	1 800,00			
Alix	11 362,00	9 500,00	0	3 800,00	3 800,00			
Totaux					**10 200,00**	**5 290,00**	**5 979,10**	**1 171,90**

3. Enregistrement comptable des dépréciations pour N – 1

31/12	6817 – Dotations aux dépréciations 491 – Dépréciations créances clients *– Maxi, Tomy, Lola, Gilles, Baba et Alix –*	10 200,00	 10 200,00
31/12	491 – Dépréciations créances clients 7817 – Reprises sur dépréciations *– Billem, Jack et Timo*	5 290,00	 5 290,00
31/12	654 – Pertes sur créances 44571 – État - TVA collectée 416 – Clients douteux *– Jack et Timo –*	5 979,10 1 171,90	 7 151,00
31/12	416 – Clients douteux 411 – Clients *– Gilles, Baba, Alix –*	23 920,00	 23 920,00

Exercice 2

31/12	6866 – Dot. aux dépr. des éléments financiers 2961 – Dépréciation des titres 590 – Dépréciation des VMP *– Titres B : 11 x 50 ; titres C : 8 x 250 –*	2 550,00	 550,00 2 000,00

Exercice 3

1. Tableau d'amortissement

Années	Fiscal (dégressif)		Économique		Dérogatoire	
	Calcul	Montant	Calcul	Montant	Dotation	Reprise
N – 1	480 000 × 0,4 × 10/12	160 000	480 000 × 0,2 × 274/365	72 065,75	87 934,25	
N	320 000 × 0,4	128 000	480 000 × 0,2	96 000,00	32 000,00	
N + 1	192 000 × 0,4	76 800	480 000 × 0,2	96 000,00		19 200,00
N + 2	115 200 × 0,5	57 600	480 000 × 0,2	96 000,00		38 400,00
N + 3	57 600 × 1	57 600	480 000 × 0,2	96 000,00		38 400,00
N + 4	–	–	480 000 × 0,2 × 91/365	23 934,25		23 934,25
Total		480 000	Totaux	480 000	119 934,25	119 934,25

2. Écriture au 31/12/N – 1

31/12	681 – DAP – Charges d'exploitation	72 065,75	
	687 – DAP – Charges exceptionnelles	87 934,25	
	2815 – Amortissement matériel		72 065,75
	145 – Amortissement dérogatoire		87 934,25

Extrait bilan au 31/12/N – 1

Actif	Brut	Amort.	Net	Passif	Montant
....				**Capitaux propres :**	
Matériel	480 000,00	72 065,75	407 934,25	....	
				Amort. dérogatoire	87 934,25

Écriture au 31/12/N + 1

31/12	681 – DAP – Charges d'exploitation	96 000	
	2815 – Amortissement du matériel		96 000
31/12	145 – Amortissement dérogatoire	19 200	
	781 – RAP – Produits d'exploitation		19 200

Extrait bilan au 31/12/N + 1

Actif	Brut	Amort.	Net	Passif	Montant
....				**Capitaux propres** :	
Matériel	480 000,00	264 065,75*	215 934,25		
....				Amort. dérogatoire	100 734,25**

* 264 065,75 = 72 065,75 + 96 000,00 + 96 000,00
** 100 734,25 = (87 934,25 + 32 000) – 19200

Chapitre 11

Exercice 1

1	486 – Charges constatées d'avance 616 – Primes d'assurances *1 320 x 10/12 –*	1 100,00	 1 100,00
2	626 – Frais postaux et de télécommunications 4458 – État – TVA à régulariser 408 – Fournisseurs – Factures non parvenues *– Téléphone novembre et décembre –*	210,00 41,16	 251,16
3	6061 – Fournitures non stockables 4458 – État – TVA à régulariser 408 Fournisseurs – Factures non parvenues *– Électricité décembre –*	150,00 29,40	 179,40
4	4098 – RRR à obtenir 4458 – État – TVA à régulariser 609 – RRR obtenus *– Remise à obtenir –*	143,52	 23,52 120,00
5	486 – Charges constatées d'avance 607 – Achats de marchandises *– Livraison non effectuée –*	1 350,00	 1 350,00
6	661 – Charges d'intérêts 1688 – Intérêts courus *– 50 000 x 0,06 x 9/12 –*	2 250,00	 2 250,00
7	707 – Ventes de marchandises 487 – Produits constatés d'avance *– Livraison non effectuée –*	670,00	 670,00

Exercice 2

Marchandise A : 64 000 – SF = – 15 000 donc SF = 79 000 €
Marchandise B : 35 000 – SF = 20 000 donc SF = 15 000 €

Conseils bibliographiques

Capron (M.), **Lacombe-Saboly** (M.), *Introduction à la comptabilité d'entreprise*, « Repères », La Découverte, 1996.

Casimir (J.-P.), **Caspar** (B), **Cozian** (M.), *Comptabilité générale de l'entreprise*, Litec, 1996

Dupuy (Y.), *Les bases de la comptabilité générale*, Economica, 2003.

Esnault (B.), **Hoarau** (C.), *Comptabilité financière*, PUF, 1994.

Friédrich (J.-J.), *Comptabilité générale et gestion des entreprises*, Hachette Supérieur, 2004

Friédrich (J.-J.), *Comptabilité générale et gestion des entreprises, Études de cas rés*

Hachette Supérieur, 1995.

Lassègue (P.), *Gestion des entreprises et comptabilité*, Précis Dalloz, 1999.

Malo (J.-L.), *Comptabilité générale*, Eyrolles Université, 1991.

Marquès (E.), *Comptabilité générale*, Nathan, 1995.

Monchal (A.), *Comptabilité générale*, Nathan, 1996.

Imprimé en France par Hérissey (Évreux) - N° d'impression : 103507

Dépôt légal : 81015 - 01/2007 - Collection n° 06 - Édition n° 01

14/5845/4